„...bass blooß uff"

Gedichte

und

Geschichten

Heinz Ludwig Wüst

„...bass blooß uff?"

Gedichte und Geschichten

pälzische unn hochdeitsche

Gereimtheite und U´gereimtheite

Heiter – ironisch – besinnlich

Kapitelverzeichnis:

Bibliografische Information der Deutschen Nationalbibliothek:

Die Deutsche Nationalbibliothek verzeichnet diese Publikation in der Deutschen Nationalbibliografie; detaillierte bibliografische Daten sind im Internet über http://dnb.de abrufbar.

© 2019 Heinz Ludwig Wüst

Illustration: Heinz Ludwig Wüst (HLW)

Herstellung und Verlag: BoD – Books on Demand, Norderstedt

ISBN: 9783749451081

Vorwort

Nach den erfolgreichen zwei Büchern „...ach du liewes Lewe" und ...glaabscht dann des?" sind mir immer noch nicht die Ideen ausgegangen um nun dieses dritte Buch veröffentlichen zu können.

Ich hab mir lange überlegt, wie nun der Titel dieses Buches heißen soll. Ein liebenswerter Zeitgenosse namens Manfred aus der Kurpfalz brachte mich mit folgendem Hinweis zu meiner Entscheidung. „Bass blooß uff, was d´ sagscht, wann den Heinz triffscht, der macht aus fascht allem ä Gschicht odder ä Gedicht!" Nun ganz so schlimm ist es sicher doch nicht, aber gewisse Begebenheiten reizen mich doch immer wieder zu einem literarischen Ausrutscher.

Das neue Datenschutzgesetz verbietet mir allerdings Geschehnisse zu veröffentlichen ohne Zustimmung der Beteiligten. Das ist auch gut so und ohne die Einwilligung der betreffenden Person erscheinen keine Namen und Schilderungen in meinem Buch.

Regional werden auch in der Pfalz Ausdrucksformen unterschiedlich verwendet.

So wird zum Beispiel das Wort „Wein" mitunter als Woi, in anderen Teilen der Pfalz mit „Wei" oder auch „Wai" verwendet.

Hauptsache, man genießt ihn! Einige Ausdrükke habe ich etwas „verhochdeutscht" um das Lesen und Verstehen zu erleichtern. Da auch viele Touristen dieses Buch als Andenken erwerben, füge zum Schluss als Anhang eine Übersetzung einiger pfälzische Ausdrücke ins Schriftdeutsche an.
Sollte dennoch etwas Unklarheit über die eine oder andere pfälzische Ausdrucksweise aufkommen, gibt es viele nette Pfälzer, die sicher gerne zur Klärung beitragen.
Nun wünsche ich meinen geschätzten Lesern viel Vergnügen und Entspannung.
Ein herzliches Dankeschön darf ich hier meiner netten Lektorin Christel aussprechen. Sie spricht „Kaiserslauterer Dialekt" und hat die Korrekturen der vorder- und südpfälzischen Ausdrücke mit Bravour gemeistert! Sollten sich jedoch trotz gewissenhafter Korrektur einige Fehler eingeschlichen haben, war bestimmt der Druckfehlerteufel von Seite 165 am Werk!

Gleisweiler, 2019

„Bass blooß uff!"

A: „Schafft der do dann nix?"

B: „doch – der denkt nooch!"

A: „Unn was schreibt der dann do?"

B: „Der schreibt, was er gedenkt hot!"

A: „Derf mer zu dem ebbes saache?"

B: „Eijo, awwer bass blooß uff, was sagscht!"

A: „Schreibt der dann uff, was ich gsaacht hab?"

B: „Vielleicht!"

A: „Unn was schreibt der dann do uff?"

B: „Der schreibt uff, was er gedenkt hot!"

A: „Steht des dann in emme Buch drin?"

B: „Vielleicht"

A: „Dann kann ich jo lese, was ich dem

Schreiwerling gsaacht hab!"

B: „Wann d´määnscht"

Fauler Sack?

„Guck ämol do niwwer, Fraa! Do driwwe
steht er – stell der vor, am hellichte Daach!
Ja, des is er werklich, de Hannes, der mit de
Gips in de ääne Hand.
Am Fußgängeriwwergang – unn die Ampl
steht uff grie, siehscht des?
Jetzt beißt er mit viel Genuss in sei Kaffee-
stückl nei, des wu er grad vorhin in dere
Bäckereifilial gekaaft hot! Glaabscht des, die
Ampl schalt um uff rot unn der regt sich net
vum Fleck! – Was macht der dann do?
Hot der nix zu due, der faule Sack, wie blooß
des schääne alte Haus uff dere annere Seit
a´zugucke? Wääscht, des Haus aus gelwe
Backstää mit denne filigrane Fenschterei-
fassunge unn denne ausrachende Simsdääle?
Der guckt des a´, vun unne bis nuff zu denne
Mansarde! Jetzert schalt die Ampl um uff grie
unn er rennt mit all denne haschdiche Men-
sche iwwer die Strooß!
´s is kaum zu glaawe, wie der die Weiwer
a´glotzt – bis dief in ihrn Ausschnitt – unn wie
der die Tätowierunge vun denne junge Kerl
inschbiziert!
´s letscht, wie ich den Hannes getroffe hab,

hot er mer verzehlt, er wär en Schriftsteller, Autor unn sogar emol Stadtschreiwer gewest.

Was sucht dann der do uff de Strooß anstatt de-häm vor dere troschtlose Taschtatur vun seim Compjuter ä Buch zu schreiwe?
Vor ennre halwe Stunn hab ich'n uff emme Stuhl vorm Strooßecafe gsäähne, ä Gips zwische de Zäh unn hot lauter Raachwolke genussvoll in die Luft gebloose. So ebbes macht mer doch net, so viel Kohledioxid in die Umwelt zu paffe, wu doch des Ozonloch immer größer werre dut.
Dann hot er korz die Aachelider gschlosse, dann sei Notizblöckl unn de Füllfedderhalter aus de Hosedasch gholt unn ebbes uffgschriwwe!
Ab unn zu hot er ach en Schluck Kaffee aus dere große Tass zu sich genumme."
Wann ich mir des allerdings durch de Kopp gehe loss, kummen mir doch so Zweifl, ob der werklich so en fauler Sack is, wie ich vorhin gemäänt hab.
Jetzert geht er niwwer in de Bahnhof unn fahrt mit em Zuch hääm! – ...unn dann? –
Dann setzt er sich an die Taschtatur vun seim Compjuter unn schreibt en 20-Zeiler vun dere schääne Stadt mit denne alte Haiser, dem gute Kaffee, dem wohlriechende Duwakduft, denne hibsche Fraue – unn warum? Ich wääß es! Er schreibt damit so en alter fauler Sack, wie ich, der wu schun Rente kriecht ebbes Schäänes zu lese hot – desweeche!"

9

Autorelos

Manche Autore hänn's doch schwer,

erscht fahr'n se hie – kummen dann her,

hänn in de Welt sich rumzutreiwe

unn sollen dann noch ebbes schreiwe!

Kä Zeit, kä Zeit

Ä Lesung hab ich 's letscht geplant
zum 30. April.
Des hab ich viele Leit verzehlt,
's kann kumme grad wer will!

De Maier Sepp hot zu mir gsaacht:
„Ich hab do ebbes vor,
mir üwen grad fer ä Konzert
in unserm Kerchechor!"

De Lina hab ich´s ach verzehlt,
doch die saacht: „Es is schade,
mei U´kraut wachst so furchtbar wild,
do muss ich in de Gaade!"

De Hannes treff ich uff de Strooß
bei emme Haufe Leit.
Der määnt: „Sei bitte mir net bös,
en Rentner hot kä Zeit!"

Die Lisbeth, die sunscht ganz allää,
deet der so ebbes gfalle?
„Ach wääscht, Heinz", saacht se:,
„ich bin alt, mich störn die Leit do alle!"

Letschtendlich hab ich mir gedenkt:
´s is sicher jo net schää,
wann kääner uff die Lesung kummt,
dann les ich halt allää!"

Begrüßungskiss

Vun de Franzose, muss mer wisse,
die dun sich beim Begrüße kisse
unn ich finn des ach äfach gut,
wammer sich so begrüße dut!
Mer derf sei Freunde so beglücke,
ä Kussl uff de Backe drücke,
unn wann ä prallie Frauebruscht
sich an mich drickt, isch's ach ä Luscht!
Wann so ä Fraa, die parfümiert
sich zum Begrüßungskuss net ziert,
riecht nooch Parfüm besond'rer Note
isch's Schnuppere ach net verbote.
Ach frää ich mich als alter Mann,
dass ich so was erlewe kann!
Jedoch hab ich dobei Bedenke,
dut mer dir ach Bazille schenke?
Denn uff des Zeich kann mer mitnichte
beim beschte Wille gut verzichte!

Franzose tu seit langer Zeite
um d i e Begrießung ich beneide.
Blooß d'Eskimos tun's annerscht treiwe,
tun d' Nase als ananner reiwe!

Mitbringsl

„Mein liewer Mann, ich hätt en Wunsch:
Du kännscht in d´Stadt nei laafe.
Ich butz dehääm die Wohnung durch,
´s wär ebbes eizukaafe.
Do nemm den Eikaafszettl jetzt,
schenier dich norre nit,
siehscht was im Lade, wu dir gfallt,
dann bringscht des ach noch mit!"

Nooch ennre gschlachne ganze Stunn,
do steht er vor de Deer:
en ganzer Korb voll Lewensmittel
unn dodezu noch mehr:
Unn zwar ä hibschie, jungie Fraa,
wie aus em Ei gepellt
„ich hab gedenkt, ich nemm se mit,"
hot er sie vorgeschdellt.

„Was willscht du dann mit deere do?"
saacht sie, „die brauch mer nit!"

„Du hoscht doch gsaacht, wann dir was gfallt,
dann bringcht des ach noch mit"!

Leider (zum Neujahrstag)

Hundert Mal dich zu umarmen
und einmal dabei geküsst,
möchte' ich dich zum Neujahrstag,
weil das etwas Schönes ist!

Leider ist es mir nicht möglich,
weil ich jetzt nicht kommen kann.
Vielleicht kann e r es für mich tun,
frag'ihn doch mal – deinen Mann!

Winterschloof

Wie schade, dass de Herbscht jetzt kummt,
de Summer saacht: „adschee"!
En Pulli hot es ganz verdeckt,
dei schäänes Dekoltee!

Doch nooch em lange Winterschloof,
wu's Dekoltee verdeckt,
werd's vun de warme Sunnestrahle
schnell widder uffgeweckt!

net immer leicht

Manchmol isch´s net leicht mitnichte
iwwer en Mensch ebbes zu dichte,
den mer eichentlich net kennt
unn der in de Welt rumrennt!
Ich fass mer äfach bissl Mut
unn meischtens geht des ach not gut!

Dummer Auguscht?

Määnscht du, der Auguscht, der wär dumm
unn bringt uns blooß zum Lache,
der führt uns an de Naas erum
unn losst es manchmol krache?

Määnscht du, der Auguscht, der wär dumm,
deet in der Welt verzaache?
Nää – der losst uns fer korzie Zeit
´s Lewe besser ertraache!

Wääscht, so en Auguscht is nett dumm,
der bringt uns mit Geschick
im Zirkus, wann er uns vergnügt,
Kindheitserinnrung z´rick!

net ämol beim Strooßekehre

„Alter schaff dich mol doher,
muscht dann schunn widder dichte?
Selbscht als Rentner is als noch
ä annrie Ärwet zu verrichte!
Siehscht dann nett in unserm Gaade
´s Ukraut wuchert dort unn sprießt,
die Tomate, die hänn Dorscht
unn warten druff, dass mer se gießt!
Am Klääderschrank sinn Schrauwe locker,
unn ´s gheert de Hof gekehrt,
enn Troppe Leim fehlt unserm Hocker,
de Müllämer ghert ausgeleert!"
Eichentlich, do hot se recht,
dehääm is werklich viel zu mache,
denn mit de Zeit do gehn kaputt
glaabscht´s nett – so viele Sache.
Ich mach´s jo werklich liewend gern,
schaff die Ärwet still unn stumm,
doch es geht mer immer ebbes
laufend in meim Kopp erumm!
Beim Dichte, Denke, Iwwerleeche,
loss ich mich nett gern störe,
beim Bossle an de Werkbank nett
nett mol beim Strooßekehre!

Kennscht denn?

Wer dappt dann do im Derfl rum?
Der grüßt mich immer wann ich kumm!
Hockt morgens schunn vergniecht vorm Lädl,
trinkt Kaffee unn liest´s Zeitungsbläätl!

Doch heit, do hab ich ihn getroffe,
er is de Buckl nuffgeloffe.
An seiner Hand zum Zeitvertreib,
fiehrt er ä wunnerhübsches Weib.

„Wer is dann des?" hab ich gedenkt.
„Hot der sei Herz ihr grad verschenkt?"
Er sieht jo ganz pasabl aus.
Is der verliebt – mich beißt die Laus?

Drickt er se lieb, dut er sie kisse?
– Ich muss jo ach net alles wisse –

Himmelhoch

En Dichter in de Himmel hewe,
unn zwar mit viel Bedacht,
verdient hot er's, weil sicher er
schääne Gedichte macht.

Beim Dichter in de Himmel hewe,
hab ich mich druff besunne,
dass es vielleicht doch besser wär,
er bleibt noch bissl hunne!

Dampf ablosse

Uff unsrer Welt, wie ich se kenn,
gibt's Leit, wu was zu motze hänn.
Geht irgendwu mol ebbes schief,
schreiwen die glei en Leserbrief,
denn Ärger gibt's oft riesegroß
unn iwwerall is ebbes los.
Mer macht sich Luft dann bei dem Schreiwe,
fangt langsam a ganz ruhig zu bleiwe.
Am End is mer ganz prima druff,
schlacht daachelang die Zeitung uff.
Den Leserbrief, den mer do gschriwwe,
is in de Schublaad blooß gebliwwe
vum Redaktör der Daacheszeidung
´s war ganz umsunscht die Vorbereitung.

Leit, die wu schreiwen so fer Bosse,
hänn wengschdens Dampf mol abgelosse!

Mehrwertschdeier gschenkt?

„Damit ´s Produkt net werd so deier,
schenken mer dir die Mehrwertsteuer!"
So ähnlich hääßt´s in der Reklame
unn drunner steht de Firmename.
Hoscht du´s Finanzamt dann betrooche
unn ach die Steuer hinnerzooche,
wann des Produkt, wu du bestellt?
Dofor zahlscht dann wennicher Geld?
Kriegscht vielleich noch ä schlecht Gewisse,
falls du´s Finanzamt hättscht beschisse?
Odder du denkscht uff dere Welt:
„der Staat hätt´jo genüchend Geld!"
Unn so wie mer des alsmol wisse,
werd´s Geld doch´s Fenschder naus geschmisse!

So was is Aachewischerei,
der Kunde fräät sich wohl debei
obwohl mer ihn debei verkohlt,
ä Blum seim Backe uffgemolt!

Vun der Reklame hab ich´s satt:
„Gebt ihm doch äfach mehr Rabatt
in Höh vun dere Mehrwertschdeier,
dann werd der Eikaaf net so deier!
Er wääß: „´s Finanzamt net zu stroofe"
unn kann denooch viel besser schloofe!

Summervergnieche

´s is Summerzeit unn schwül dezu
ich guck so manche Fraue zu,
die leicht bekleid´t unn u´scheniert
zeichen, dass se tätowiert!
Ennie hot sich korz entschlosse
ä schäänie Blum steche zu losse.
Im tiefe Ausschnitt uff ihrm Rücke
is Filigranes zu erblicke
bei enre hübsche Kreatur
mit ennre zierliche Figur!
Ä annrie hot sich zugetraut
ä ganz Gesicht uff ihrer Haut.
Guck mol, dort zeicht uff ihrer Bruscht
ä Fraa – ausgefallnie Lewensluscht.
Am Buckl sieht mer als debei
ä wunnerschäänes Hirschgeweih.
An so em Summerdaach, em hääße,
do brauchscht du gar kä Buch zu lese.
Betrachtescht du so manchen Leib,
is des en schääner Zeitvertreib.
Blooß manchmol hot ä Blus versteckt,
was sunscht noch so dehinner steckt!

So Zeich ob vorne, seitlich, hinne
is ach bei Mannnsleit als zu finne!

Gekehrt, g´schippt unn gebabbelt

Wan d´Schtrooß kehrscht, triffscht du jedermann
ob Mann, Kind odder Fraa.
Selbscht die, wu mer net leide kann,
die sieht mer leider aa.

Die ääne winken dir blooß zu,
die annre halten a´,
gar mancher losst dir schää dei Ruh,
än ann´rer hupt: „trara"!

Grüßt mer: „Grüß Gott, gut´n Dach, hallo!"
des ach, wann d´Schnee duscht schippe,
ä freundlich Wort: „wie geht´s dir so?"
bringscht bstimmt iwwer die Lippe.

Gewunne!

Zwää Mädle – nimmie pupertär –
die hänn sich als getroffe.
Die war'n befreund't, hänn net gekifft
unn waren ach net b'soffe!

Blooß ä Problem gab's – des schun alt,
doch als noch populär:
war'n in de gleiche Kerl verknallt,
des trübt'die Freundschaft sehr!

Der Kerl hot's ach net glei gemerkt,
wie's so bei Männer is,
doch Bigamie uff Lewenszeit
is halt ä Hinnernis!

Des war zu ennre Zeit bassiert,
als noch die Mark was wert,
do hänn die Weibsleit druff gewett
um fünf Mark, wie sich's g'heert.

Die, wu den Kerl sich angle deet,
die hätt die Wett gewunne
unn domit ach fer alle Zeit
en Lewenspartner g'funne!

Die weiblich Lischt unn ach ihrn Charm,
die hot den Kerl berührt
unn so hot dann die ganz frech Grott
den arme Kerl verführt!

Fer fünf Mark, so en Super-Hecht
unn den glei an de Angel
is leider uff der bucklich Welt
halt doch en großer Mangel.

Jetzt hot se fünf Mark schnell gewunne
unn noch en Mann dezu,
domit war se gut bedient,
jetzt gibt se endlich Ruh!

Jedes Mol

Jedes Mol, wann ich dich seh,
drickscht mir zwää Kusslscher uff de Hals!
Des gibt kä Knutschfleck, duut nett weh,
… mir g'fall's !

Ich weiß nicht

Ich weiß nicht, wie du aussiehst,
ich weiß nicht, wie du gehst,
ich weiß nur, dass du bei mir
im Adressbuch stehst!

Hast du schwarze Haare,
brünett oder grau,
ist deine Augenfarbe
braun oder doch blau?

Du schreibst so tolle Zeilen,
du schreibst so liebevoll,
du wohnst jedoch weit weg von mir,
das find ich nicht so toll!

Tust du gar musizieren,
spielst vielleicht Klavier?
Schön wär´s, hätt ich doch einmal
ein kleines Bild von dir!

Kaffeequartett

Vier Fraue sitzen im Cafe´
strohblond unn ach brünett,
ä Raaweschwarzi wu gut riecht
schää gschminkt, ganz lieb unn nett.

Die Viert debei is grau meliert,
sie lacht als hien unn wieder
sie hot en bissl dicke Bauch
ich glaab, die kummt ball nieder.

Sie dischbetieren hie unn her
unn so wie ich des seh,
zwää trinken jetzt grad Schokomilch
zwää trinken ihrn Kaffee.

´s hot jedie uff ihrm Dessert-Teller
ä Rieseporzion Kuche:
Schwarzwälder Tort, Frankfurter Kranz
tun reihum sie versuche.

Die Blond, d´ Brünett hänn Lockeköpp,
die Raaweschwarz mi´m Schwänzl,
die Graumeliert hot Wuschelhoor
beim Viererkaffeekränzl.

Kärchemode

In de Kärch „Zur lieben Frau"
do gibt's heit ä Modeschau.
Alle Fraue sinn gebutzt,
frisch gereinigt – net verschmutzt,
sinn die feschtliche Klamotte
's hot halt alles sei Marotte.

Die Wolfe-Lina kummt mit'm Klääd,
des eichentlich ihr ganz gut steht.
Am Hals ganz hinne – was fer'n Graus,
do hängt jo noch es Preisschild raus!

Die Schwarze-Lisbeth, die ganz schick,
die is vum Urlaub grad zurick.
Weil se im Alwe-Urlaub war,
hot se ä schäänes Dirndl a!
Des Bliesl zeicht – wie ich des seh –
ihr'n Buse prall im Dekoltee.

Die Männeraache, die vum Klaus
die ziechen se fascht nackisch aus.
Im grau' Koschtümsche – sehr dezent
kummt d'Braune-Bärwl a'gerennt,
is atemlos ganz voller Hascht,
weil sie verschloofe hätt heit, fascht.

Die Kranze-Friedl – so en Schock,
sitzt uff de Bank mit´m Minirock,
kannscht gucke bei ´re – ´s is kenn Scherz
die Bää nuff unn fascht bis ans Herz.

Im Sunndaachsstaat die Männerwelt
sitzt do, wie aus´m Ei gepellt.
En junger Kerl hot sich entschlosse
in d´Kärch zu geh mit Dschiensstoffhosse,
die iwwerm Knie mit´m große Riss
gemacht sinn, weil´s heit Mode is.

Mer riecht in dere Kercheluft
Rasierwasser unn Parfümduft,
weil ach die Herre – Gott sei Dank –
frisch rasiert unn blitzeblank.
Sogar die holde Weiblichkeit
riecht durch die Bänk weg, widder heit.

Uff de Bänk bis zur Empore
singen se zamme dann im Chore.
So tut mer uff besunnrie Weise
de liewe Gott am Sunndaach preise.

Die Modegschäfte mit Bedacht
hänn ach ä gutes Gschäft gemacht.

Ersatzfraa

Muss mer dann ernte Hohn unn Spott,
blooß, weil mer ä Ersatzfraa hot?
Ä Fraa isch´s, die mer dann unn wann
wann´s nötich is sich gönne kann,
weil´s eichne Eheweib jetzt grad
verrääßt odder grad net parat!
So ä Ersatzfraa meinerseel,
derf hibsch sei unn ach ganz fideel,
derf Kneete hawwe ach in Masse
– Hauptsach – sie duut ach zu dir basse!
Sie kann mit dir ä Radtour mache
unn noch viel annre schääne Sache,
vielleicht mit ins Theater geh,
im Kino ´n schääne Film a´seh,
halt do sei, wann se do sei soll,
ihrAlter spielt dobei kää Roll!
Sie backt dir vielleicht ach en Kuche
im Bett – do hot se nix zu suuche,
weil im Moment dei Fraa net do,
des g´heert sich net, des is halt so!
Kummt´s trotzdem vor, wie mer´s so sieht,
isch´s net so schlimm, wammer blooß mied.
Doch ebbes losst mer net mei Ruh:
steht ennre Fraa ´n Ersatzmann zu?

Duschvergniesche

Mer sieht in Sanitärreklame
vun Firme mit bekanntem Name
ä schäänes, weiblich, junges Blut,
wu in de Dusch drin stehe dut.

Steh ich dehääm unner de Braus,
do kummt schää warmes Wasser raus.
Stell mir dann vor als hie unn her:
„schää wär´s wann die jetzt bei mir wär.
Deet die ä bissl bei mer bleiwe,
mein Buckl wär noch ei´zureiwe?"
Wie wär des doch so wunnerschää,
ich wär beim Dusche net allää.
Vorne rum, owwe unn unne
hab ich ach noch paar Stelle g´funne,
die, wu aus hygienische Gründ´
zum Sauwermache mer noch findt.

Des hübsche Weibsbild deet ich pfleeche.
´s deet mich als Mannsbild gar erreeche.
Doch ´s nitzt mer nix die ganze Luscht,
wann´s kännie gibt, wu mit mer duscht!"

Vorspiel?

En Summerowend lau unn mild,
die Rheiebne – ä schäänes Bild,
im Nochberdorf, dem klääne Nescht,
do gehn mer hie, do is ä Fescht!

Mer trinkt dort Wei – unn des is gut,
weil´s dann ach Leergut gewwe dut,
denn ball is Herbscht – unn wie mer heert,
wär´n noch viel Flasche net geleert!

Mer essen uns grad richdich satt
an ennre große „Pälzer Platt"!
Damit es Esse besser ritscht,
werd Wei unn Trauwesaft gepitscht!

Am Nochberdisch, net zu verachte
kann mer ä Päärle grad betrachte,
wu frisch verliebt, so wie mer scheint
unn noch net all zu lang befreundt.

Zu Pälzer Koscht dut sie beim Esse
ihr Gläsl Wei ach net vergesse.
Glei hinne nooch – do guck mol hie,
streichelt er zärtlich dann ihr Knie,
do uff dem schmale enge Bänkl
denooch ach noch ihrn Owwerschenkel.

A´schließend kummt bei dere Fraa
es zarte Bucklstreichle dra.
Wie´s so in so´me Zustand is,
gewwen se sich en Haufe Kiss!

Wie die Musik grad agefange,
sieht mer – die sinn jetzt danze gange.
Uff dere Danzfläch voller Luscht,
drickt er sich herzhaft an ihr Bruscht.

Er streichelt zärtlich sie am Nacke
bis nunner an die Hinnerbacke.
Wie zärtlich unn mit viel Gefühl
zeicht sich´s begehrte Liewesspiel.

Zurick am Disch, ganz froh unn heiter,
do geht die Streichlerei grad weiter.
Die lossen sich so richdich Zeit
unn des ach öffentlich noch heit.

Wie die die Nacht denooch gestalte,
des bleibt uns jedoch vorenthalte!

Erschdie Hilfe

De Thoren in Norweeche wohnt,
do, wu heit noch en Keenich thront.
Unn ab unn zu, do macht er als
gern Urlaub bei uns in de Palz.

Uff dere furchtbar lange Rääs
is es im Auto glühend hääß!
Zum Kühle fer sein hääße Leib,
do macht er uff, die Fenschderscheib.
Uff ämol merkt er – u´geloche:
do is ebbes durchs Fenschder g´floche.

Ä Humml war´s, die u´scheniert,
hot mit de Frontscheib kollidiert
unn ganz betäubt unn schää galant
ihrn Landeplatz beim Thoren fand!
Weil jo des Dierle ziemlich klää,
war´s zwischem Thoren seine Bää.
Ich saachs – es is bestimmt kän Witz
als Landeplatz de Autositz.
Der Fahrer traacht in dere Zeit
ganz korze Hose – ziemlich weit.

Des Insekt guckt ganz verschwumme,
wie's nooch dem U'fall zu sich kumme.
Der Lenker hot die Bää gespreizt,
des hot den Fremdling grad gereizt.
Drum krawwelt es ganz still unn leis
enei in des Textilgehais.
Der Thoren, uff de Autobah,
halt blitzschnell uff de Standspur a,
steicht langsam, weil des so en Graus
vorsichtich aus dem Auto raus.

Des Hummltier, des gar net groß,
schlubbt sachte unner d'Unnerhos
unn somit do erreicht es bald
den schattich kühle Schamhoorwald.
Sein Weech geht weiter, ganz gezielt,
zum Körperdääl, der manchmol schwillt.

Der Thoren is ganz doll erreecht,
weil er jo net zu wisse pflecht,
der arme Kerl, der ahnt jo nicht,
ob des Tier mit seim Rüssl sticht.
Drum zieht er hordich – ei der daus,
sei beide Hose äfach aus.

Vorbei fahrt grad en Cabrio,
drin frään sich ganz viel Weibsleit so,
weil – es muss jedie doch gestehe ,
des uff ´re Schnellstrooß sie´s nie gsehe.

En Knackarsch hot se a´gelacht,
weil enner d´Hose runner g´macht.
En Mann vun so enre Statur,
den sieht mer bei uns selte nur,
der mit seim Auto zu uns brummt
unn der aus Skandinavie kummt.

´s is kenn Ehibizionischt gewest:
´s war erschdie Hilfe – des steht fescht!

Vereinsmeierei

In em Verein bischt nett allää,
mer trifft sich oft unn plaudert schää.
Mer dischbetiert als hie unn her
unn iwwerleecht was besser wär
unn was zu ännre uff de Welt,
redd vun Finanze unn vum Geld.
Mer ratschlaacht alsmol mit Bedacht,
wuhie mer noch en Ausflug macht.
Die Theme gehen gar nett aus
unn mer kummt alsmol aus´m Haus.

Doch manchmol isch´s en großer Mischt,
wann du, wie´s vorkummt Mitglied bischt
in viel Vereine do unn dort,
Vereine, fascht vunn jedre Sort.
Im Fußballclub unn vielleicht a
im Pälzerwaldverein sogar,
im Turnverein um fit zu bleiwe,
blooß soll mer des nett iwwertreiwe!

Stell dir mol jetzert bildlich vor
du wärscht ach noch im Kerchechor
unn plötzlich, uhne Vorbereitung
verlangt mer vun dir die Entscheidung
so korz vor Weihnacht kummt es vor:
wu gehscht dann hie im alte Johr,

wann sich Termine iwwerschneide
kannscht du dich do druff vorbereite?
Am selwe Daach zwää Weihnachtsfeire
des kannscht du nie im Lewe steire!
Ärgerscht dich bloo odder ach grie
zu wellre gehscht du dann jetzt hie?
Bischt zu de ääne hiegedappt,
dann sinn die annre eigeschnappt!

Denk nooch unn stell dir vor debei,
muscht iwwerall nit Mitglied sei!

Er lächelt

Er lächelt mich aa!
freundlich
herzlich
vertrauensvoll
sympatisch!
Er lächelt mich aa!
immer noch,
der Verlierer.

Ich glaab, es wäre jetzt Zeit
des Wahlplakat endlich abzuhänge!

Wahlplakatqual

Mer heert´s ´s wär schunn ball widder Wahl.
Parteie gebt´s in großer Zahl,
Ich tu mich alsfort furchtbar quäle
wen soll ich desmol vielleicht wähle?

Plakate klää unn riesegroß,
die sieht mer jetzert uff de Strooß
an Lampe unn an Zäun rumhänge,
Uffmerksamkeit uff sich zu lenke!
Do sieht mer Gsichter druff unn Letter,
mol dinn gedruckt – mol bissl fetter,
en Haufe gut gemäänte Sprüch,
so viel, des merkt mer kaum noch sich!

wie: standhaft, freundlich, kompetent,
wie umweltfreundlich, resistent,
vertrauensvoll unn wie sympatisch,
wie kinnerlieb unn demokratisch,
wie fähich um ach zu regiere,
wie Ordnung halte – nix verliere,
wie Mut unn Zeit unn Grenze schütze,
wie Herz unn Geischt unn Mut zum Nütze,
wie Altersamut zu verhinnre
unn Klimawandl zu verminnre!

Steh ich dann in de Wahlkabien,
lech dann den Zettel vor mich hin,
wu blooß noch Name vun Parteie
unn Kandidate sich anreihe,
odder ich du dehääm mich quäle
per Briefwahl heimlich grad zu wähle.

Dann frooch ich mich unn denk do anne
was uff denne Plakate gschdanne.
Wer hot mer was dann blooß versproche?
Wer saacht die Wohret – wer hot g´loche?
Unn kumm letschtendlich zu dem Schluss,
dass ich doch´s Kreizl mache muss!

Kruschlkischt

Kruschelkischt

„Ich will mol känner um Erlaubnis frooche misse, wann ich mol heirate du", hot se als gsaacht. Des war zu ennere Zeit, als mer erscht mit 21 Johr volljährich worre is. So war´s dann ach kumme, dass mer an ihrm 21. Geburtsdaach g´heirat hänn.

Viele Johre speeter, hänn mir uns entschlosse an dem Ehredaach net dehääm, sondern in Paris zu sei. En Daach zuvor sinn mir dann mit dem TGV in Paris a´kumme unn mit´m Taxi ins Hotel g´fahre.

Als kläänie Iwwerraschung hett ich gern meinere Fraa wenigschdens ä kläänes brennendes Kerzl uff de Friehsticksdisch g´stellt. Dass ich im Eifer der Reisevorbereitung wedder ä Kerz, noch ä Feierzeich eigepackt hab war allerdings en Fehler.

Ich muss g´stehe, mei Franzeesisch war domols trotz emme Kurs in de Volkshochschul arich dierftich unn ´s is heit ach noch net viel besser!

Wie mer do am Friehstückstisch sitzen, hab ich mich zu dem Bifee begewwe unn die Fraa, die uns bedient hot, um ä Kerz gebete.

Weil des jo net grad ehrn Zuständnichkeitsbereich war, hot se mich an die Rezeptzion verwiese.

Dem Hotelportie hab ich erscht in g'stottertem franzeesisch mit dem Wort „chandelle" erkläre wolle, dass ich gern ä Kerz hätt. Nochdem des nix genitzt hot, hab ich's mit dem englische „candle" prowiert. Widder nix. Mit Zeichenschbrooch hab ich'n gebete er meecht mer ä Blatt Papier unn en Schreibstift gewwe. Des hot dann ach geklappt.

Weil ich jo net allzu schlecht zeichne kann, hab ich'm ä schäänie brennendie Kerz uff's Papier gezauwert.

Dann nickt der nette Portier, dreht sich um, bringt ä Schachtl an de Trese unn kramt drin rum, bis er ganz unne en klääner Kerzestumml unn Streichholz g'funne hot.

Uff die Art hot dann mei a'getrautes Eheglick ä Kerzl zum Friehstick a'gezindt gekriegt. Die Leit, wu um uns rum gsesse sinn, hänn all riwwer geguckt unn sich mit uns g'fräät.

Do sieht mer mol widder, dass mer net alles fort schmeiße muss, wu mer noch brauche kännt – net ämol so en klääner Kerzestummel aus dere Kruschelkischt.

Ausgleichsprobleme

Wer zuu langsam mit´m Auto fahrt,
der macht sich sehr verdächtich!
Wer schneller fahrt, als wie er derf,
ja, den bestrooft mer mächtig.

Wer langsam fahrt, befürcht´ mer halt
er wär mitunner b´soffe.
Denn oft hot so ´n Fahrer schunn
ä U´glück hart getroffe!

Ach Raser hänn, des wääß mer jo,
weil mer do driwwer spricht,
bei sich unn noch bei annre Leit
viel U´heil a´gericht´.

Mich hänn se ach schunn oft geblitzt,
des saach ich jetzt sogar,
weil d´Gschwindichkeit ganz minimal
net tolerierbar war.

Ach bin ich mol zu langsam g´fahre,
war jedoch net besoffe;
zwää Polizischte hänn´s gemerkt,
drum is des dumm geloffe.

De Daach war domols ziemlich lang,
des war vor viele Jahre,
ich bin statt 70 Kilometer
halt blooß so 50 g´fahre.
Wie wär es äfach doch gewest
unn ich will grad´net schelte,
könnt mer des net, was ich zu schnell,
mit Langsamfahrt abgelte?

Die 20 Kilometer,
die ich zu langsam war,
kännt mer – wu ich zu schnell gewest –
ausgleiche – wunderbar.

Die Polizei

Die Polizei, die rechelt den Verkehr,
Verbrecher jaacht se hinnerher.
Blooß ab unn zu, do kriegscht ä Protokoll,
wann d´ebbes machscht, wu mer net soll!
Dass d´Polizei dein Freund unn Helfer is,
stimmt ach als mol, unn des is ganz gewiss!

Eine nette Bekannte hat mich einmal eine gereimte freundliche Anmahnung zu verfassen, um zu ihrem geschuldeten Geld zu gelangen. Folgendes ist dabei heraus gekommen und den ausstehenden Betrag hat sie auch zwischenzeitlich erhalten.

freundliche Anmahnung

Sehr geehrter Herr/Frau…..

Euros sind es – keine Gulden – ,
die Sie leider mir noch schulden,
diese hätt´ ich, wie Sie ahnen,
bei Ihnen hiermit anzumahnen!

Haben Sie denn übersehn
zur Zahlung gleich zur Bank zu gehn?
Oder vielleich unterdessen
Barbezahlung gar vergessen?

Das kann sicher mal passieren,
man sollte es doch korrigieren!
Zahlen Sie das Geld recht bald
sonst meldet sich der Rechtsanwalt!

Der Betrag in Höhe von …€ (Rechnung #....)
ist zalbar bis spätestens ….2016 (etwa 14
Tage später) auf unser Konto:…….

Mit freundlichem Gruß

Ganz vun de Socke

Beim Mensch, beim junge unn beim alte
isch's gut en kühle Kopp zu b'halte.
Doch Schnuppe kriegt selbscht's Kläägemies
bei nackische unn kalte Fieß;
wann die, was em jo gar nix nützt
im Winter kalt unn u'geschützt!
Drum du se niemols kälteschocke
unn zieh se a, die wollne Socke!
Es werd en jeder Fuß beglückt
mit Socke, die mit Liewe gschtrickt.

Paar Socke passgenau , präzies
des is ä Wohltat fer die Füß,
die em vun emme Mensch geschenkt
an den mer alle Daache denkt.

Es sinn noch nie die Füß verschrocke
bei selbscht gemachte wollne Socke!

Gut verschdeckelt

Es is die bucklich Erdekuchl
fascht iwwerall vermesse.
´s gibt Längegrade, Brätegraade,
kä Plätzl is vergesse.

Es is grad alles regischtriert,
mer find dich iwwerall;
egal ob d´uffm Hochsitz bischt
odder im Hiehnerstall!

´s gibt kaum en Ort uff dere Welt
wu mer net finne deet,
jed Stickl Land, des glaabt mer net,
sogar dei Blumebeet!

Hoscht ä Navigazionsgerät,
do kannsch fascht alles finne
am Altrhei in de Vorderpalz
odder im Westrich hinne.

Domols hän mir so was net g´hatt,
mer hän ebbes versteckt,
nooch langem Suche hän mir des
endlich widder entdeckt.

So hän mir Buwe ab unn zu
die Zeit uns als vertriwwe;
ach uhne Navi hot mer g´sucht
mol hiwwe unn mol driwwe.

Heit gibt´s ä Schbiel fer Groß unn Klää,
des wu fascht jeder kennt,
des mer betreibt unn des mer halt
jetzt Geokäsching nennt.

Bewegscht dich viel in frischer Luft,
brauchscht net ämol zu renne
unn lernscht domit, ja des is schää,
die Welt ganz annerscht kenne.

Hoorisches Lesezeiche

Mein Nachttisch halt ä Buch parat,
ä Buch vum Antiquariat
mit´m Titl „Münchner Anekdote",
was drin steht is leicht zu errote!

Vor´m Schloofegehe korzerhand
les ich was aus dem klääne Band.
Ich les mer leis als ebbes vor
vum Buch, wu aus de „Sechzicher Johr".

Ganz mittedrin unn u´befleckt,
hab ich ä weißes Hoor entdeckt,
ganz dinn unn weiß is es unn zart:
„ä Frauehoor" denk ich mer grad!

Des Frauehoor hot in de Nacht
mich freundlich, lieblich a´gelacht!
Ä Hoor kann eichentlich net lese
unn doch isch´s in dem Buch gewese.

´s wääß kenner, wem des Hoor mol g´heert,
es is schää lang unn u´versehrt.
Ich seh´s gedanklich voller Frääd,
des Hoor an ennre hübsche Mäd,
odder ´re Hex, em alte Drache?
Unn durch mein Kopp gehen sofer Sache!

Frieh morschens kann ich´s nimmie finne,
ich guck mol vorne unn mol hinne,
wu sich des feine Hoor versteckt,
ich hab´s jetzt gar nimmie entdeckt.

Nitzt´s was, wann ich jetzt weiter such?
Vielleicht licht´s imme annre Buch!
Hot´s Angscht unn duut mer drum ausweiche,
des seltne hoorisch Lesezeiche?

D´ Nasefleet

Ich wääß net, was ich mache deet,
im Lewe uhne Nasefleet.
Domit kann mer als Musik mache,
bringt alsmol annre Leit zum Lache!

Ich wääß net, was ich mache deet,
im Lewe uhne Nasefleet.

Ä Nasefleet, die steckt mer rasch,
wann´s neetich is, in d´Hosedasch.
Wann d´aus ´m Haus gehscht zum Spaziere,
kannscht unnwegs ach musiziere!

Ich wääß net, was ich mache deet,
im Lewe uhne Nasefleet.

Mer übt mit so ´re Nasefleet,
basst uff, dass net die Luft ausgeht.
Hoscht Schnuppe, Huschte noch dezu,
dann loscht ´re äfach mol ihr Ruh.

Legscht se uff d´Seit bis ´s widder geht
unn hoscht se gern – dei Nasefleet!

Kräuter unn U´kräuter

In unser´m Gaade wachst ganz still
grad´ alles, was dort wachse will.
Blume, Beere, Obst, Spinat,
Peterle unn Koppsalat.
Schnittlaach unn ach Löwezah´
unn Zeich, des planzt mer gar net a´.
Rettich, Zwiwwle unn so weiter,
awwer ach verschied´ne Kräuter.
Grünzeich, des wu mer net kennt
unn Planze, wu mer U´kraut nennt.

Des U´kraut – nä – des sin kä Kräuter
– des muss mer alsmol jäte – leider -!

Doch ebbes derf mer net vergesse,
manch U´kraut kann mer ganz gut esse!

Kunscht

Newer de Deer vum Nochberhaus,
do steht en klääner Nikolaus.
Aus Schwarzblech is er – ganz verroscht,
sieht aus, als hett er nix gekoscht.
Mer hot b´schdimmt an de Farwe g´spart
´s war ach kän Zabonlack parat.
Er is en halwer Meter groß
unn guckt ganz traurich uff die Strooß.
Ich glaab, der war ach net umsunscht.

Heit nennt mer halt so ebbes Kunscht!

Nudleis

Mer saacht, die Nudle machen glücklich,
jedoch zuweile ach noch dicklich
wammer se, wie so mancher unkt,
in richtich fettie Sooß neidunkt.

´s gibt Nudle, die werrn kalt serviert
unn net mit Gries-Mehl a´geriehrt,
mit Erdbeersooß unn Kokosflocke
unn Sahne drinn – ´s is zum Verlocke.

Unn doch hab ich´s als mol im Sinn,
obwohl viel Kalorie drinn.
Was soll der Geiz – des hot sein Preis,
ich lieb´s halt – des Spaghetti-Eis.

Sießie Verfiehrung

Irchendwie finn ich des dumm,
stännich steht Gebäck erumm,
des die Fraa im Alltagstrott
jetzert schunn gebacke hot:
Kokosmakrone unn Zimtsterne,
ach Spritzgebäck, des ess ich gerne,
kalte Hund unn Butterplätzle,
Lebkuchstern unn Anisplätzle!
Lauter Süßes – g´füllt in Dose –
klänne Figure unn ach große
unn änn Duft – kaum auszuhalte –
´s isch schwierich sich zurückzuhalte.
Die Verführung, die is groß,
wann d´noochgibscht, is de Deiwl los!
Steigscht uff die Wooch, denkscht du denooch:
„Abzunemme is ä Plooch,
denn nooch de Weihnachtsfeierdaache
hoscht´s im Ranze rumzutraache!"

Menschlich Tierisches

Ei´schätzung

Siehscht´s Spichelbild in enre Pitsch
bei Vollmond vun ´re Elwetritsch,
do schaudert´s dich, wie nie im Lewe,
kriegsch Angscht, den Jutesack zu hewe.
Du zitterscht grad an Fieß unn Händ,
dass kaum die Kerz im Lämpl brennt.
Du tuuscht dann um dei Lewe bange,
willscht nimmie Elwetritche fange.

Siehscht se, wann´s hell werd – so um vier,
do merkscht ´s is ä possierlich Tier.
Du detscht se streichle, detscht se dricke,
unn detscht se als mol zärtlich zwicke.
Du detscht se knuddle, detscht se kisse,
mögscht se im Lewe nimmie misse!

Drum denk ich mir, es wär doch gut,
wann mer en Mensch ei´schätze dut,
wann mer´n im annre Licht betracht!
Manch Fehler hätt´mer nit gemacht!

Fauler Kater

Ä Katz mit Name Edelgard,
die hot ämol en Kater ghatt.
Nit, weil se etwa sehr besoffe
nää – der is ihr halt zugeloffe.

En hübscher Kerl, nit zu verachte,
schää war´s ihn als mol zu betrachte,
en Muschterkater allemol
vum Scheitel owwe, bis zur Sohl.

Er is – unn des is nett absurrt,
blooß rumgeleche unn hot gschnurrt!
Die Edelgard-Katz die is gange
um fer ihn noch die Mais zu fange.

Am schääne Daach, do kreischt se laut:
„Du liegscht nur uff de faule Haut,
die Zeit is rum, mach mer känn Scheiß,
steig uff unn fang dir selbscht dei Mais!"

Weil er en Matscho war, der Kater,
stört ihn kä Schelte, kä Theater
unn hot sich ach nix hääße losse,
macht immer weiter so sei Bosse.

Die Edelgard saacht: „´s Maaß is voll,
schaff dich glei aus´m Haus emol!
Ich bring, des kannscht du ganz vergesse,
dir jetzt ach gar nix mehr zum Fresse!"

Ich glaab, es gibt´s bei Mensche ewe
so Kater, wie im Katzelewe.
En Kater der vum viele Wei
is zwää Daach später schunn vorbei!

Hundeglück?

In Hundekacke neizutrete,
hört mer de Volksmund saache,
brächt´Glück, do frooch ich mich: „wer kann
so viel Glück iwwerhaupt vertraache ?"

Geirrt

Im Wasgauland – Burg Berwartstää,
hoch uff´m Berg unn bsunners schää,
do wu de „Trappe-Hans" gehaust,
der bis nooch Weißeburg gebraust!
Do isch´s heit ruhich, is ach friedlich,
fer d´ Burgbesichtichung gemietlich.
So was is zur Erholung gut,
ach wann fascht nix bassiere dut.
Doch ´sletscht is mir zu Ohre kumme,
des schreib ich uff, des glaabt mer numme:

Es war en Daach, wie jeder annre.
Ä Ehepaar tut fleißich wannre.
Doch eichentlich warn´s awwer drei:
sie hänn ihrn Dackel noch debei!
Hänn die Entscheidung dann getroffe:
Jetzt werd noch uff die Burg geloffe!
Unn owwe endlich a´gekumme,
hänn an ´re Führung teilgenumme
durch große Sääl unn ach ganz bang
em unnerirdisch kalte Gang,
kummen ans Licht, sinn widder froh,
stehn uff dem helle Burgplatoo.

Do quietscht ä Deer unn´s dut en Schlag,
als ob Hans Trapp jetzt kumme mag,
als ob de Barbara ihrn Geischt
die Deer rauskummt unn furchtbar kreischt,
die Deer springt uff mit viel Getös
unn em Radau ganz furchtbar bös.

Der Dackel, der net a´geleint,
määnt, dass de Deiwl ihm erscheint.
Es iwwerlaaft dem Tier en Schauer
ruck zuck – hupst er iwwer die Mauer,
hot net geahnt, dass es dort tief
noch unne geht, uns Herrsche rief:
„Bleib do" – doch wie es manchmol geht
war der Befehl doch viel zu speet!
Der Dackel, fascht en Bodekriecher,
entwickelt sich sofort zum Fliecher.
Doch hot kä Flichel nur anstatt
vier korze krumme Bää bloß ghat.
Es Herrsche hot net lang verweilt,
is schnell nooch unne glei geeilt
um zwische Laabbääm, zwische Buche,
gleich nooch dem liewe Tier zu suche.

En Wannersmann laaft ihm entgeche.
Des kummt dem Herrsche grad geleche.
Der Wandrer saacht : „ ´s is net geloche
´s is grad en Hund do runner gfloche
durch viel Geäscht, grad wie ä Wunner,
die ihn gebremst, kam er erunner.
Anstatt uff Felse odder Sand
is er im wääche Laab gelandt!
Do iwwe licht er unn er jault,
weil mer ihn uff de Burg vergrault".

En Dokder, en Veterinär,
betracht des Dier, määnt u´gefähr:
„Der Schade is net zu behewe,
der Hund werd zwää Daache bloß noch lewe,
weil er die Knoche sich verzerrt!"
Jedoch, der Dokder hot geerrt!

Doch sechs Johr noch, was mer kaum glääbt,
hot dann des Dackeltier gelebt.
Do sieht mer widder, dann unn wann,
wie sich en Dokter irre kann!

Katzejammer

Es hot de Kater Murr beschlosse:
Er will sich jetzert scheide losse
vun seiner Miez, der ihr vor Johre
die ewich Treue hot geschwore!

Blooß weil des alte Narreviech
denkt: „Wann ich jetzt ä annrie krieg,
ganz a´schmiegsam ä junges Tier,
hätt ich im Alter viel Pläsier!"

Des hot die Miez schunn sehr getroffe,
weil äfach er defu geloffe.
Unn ´s hot ach gar net lang gedauert,
is der, wie´s alsmol is, versauert .

Reumütich is, des glaabt mer numme,
er ball druf häämgekroche kumme.
Nett nur än Kater – wie mir´s wisse –
tut d´ Miezekatz dehääm vermisse!

Katzemusik

En Kater wollt mit´m Kätzl schbiele,

denn der hot grad mol Frühlingsgfühle.

Er schleicht ganz sachte durch de Gaade

unn will dort uff des Kätzl waarte.

Er kreischt unn heilt, wie ä klää Kind,

damit er ach des Kätzl find.

Doch´s Kätzl, des hot grad en Fruscht

unn hot nett uff den Kater Luscht!

Miezies Reiseplään

Ä Kätzl aus gehownem Kreise,
die wollt ämol die Welt bereise
unn denkt sich als: „es is bschtimmt gut,
wammer was annres sehe dut!"

Doch froocht se sich: „Wu fahr ich hie,
wu isses schää, wu war ich nie?
Wu scheint die Sunn unn ´s rechent nit,
wu steht fer mich ä Himmelbett?
Wu gibt es immer gutes Fresse,
wu derf ich sunscht ach nix vergesse?
Fliech ich mit´m Fluuchzeich, fahr mit´m Bus
odder mit´m Schiff zum gute Schluss?
Was mach ich, wann mei Geld net langt
unn was bassiert, wann ich erkrankt?
Kumm ich grad nooch Amerika
zu ennere Indianerschaar,
fesselt mer mich am Marderpfahl,
schoort mer den Kopp mir glatt unn kahl?
Land ich im schwarze Afrika
im Kochtopp fer ä Supp sogar?
Schmecken in Indien die Mais
ach gut mit ennre Tass voll Reis?

Muss ich in China mich verstecke
um nit ganz elend zu verrecke?
Rääs ich im hääße Wüstesand
zum Scheich in ä Araawerland,
ä Lewe unner Dattelbääm,
blooß losst der mich dann nimmie hääm!
Am Nordpol uff 're Eisberg-Scholle
frier ich, mir fehlt ä Kapp aus Wolle!

Ich glaab, ich loss die Reiseplään,
bleib liewer in meim Korb dehääm!
Do grawwelt 's Frausche mich ganz friedlich
unn des is jedesmol gemütlich!"

Wormfrei

„Wie kummen die Wärm
blooß den Kerschebaam nuff,
kannscht du des vielleicht mir mol saache?
Die sinn doch ganz sicher net stark genuuch
fer ä schwerie Lääder zu traache!"

„Ach Biewl, du froochscht mich
vielleicht ä Zeich,
wuher soll ich dann des alles wisse?
Die krawwlen im Dunkle,
des sieht mer net gleich,
die sinn, wammer's denkt, schää gerissse!

Sinn die Wärm emol in ennere Kersch,
do nitzt's nix mit'm Fernglas mol gucke,
Bevor du genisslich ä Kersch esse duscht
inspizier se, sunscht duscht den verschlucke.

Wann d'groß bischt
unn duscht dir ä Kerschwasser gönne
do werscht ach kenn Worm mehr drin finne
denk nimmie
an die klääne Viecher die klänne,
gieß der den Schnaps ruck zuck
hinner die Binne!"

Kriminelles

Wer is en Gauner?

Ich hab mir stännisch iwwerleecht,
wer – wie mer oft zu saache pfleecht,
uff dere Welt en Gauner wär',
doch so ä Antwort is recht schwer!

Isch 's enner des, der wu was klaut,
wu annre iwwer's Ohr als haut?
Isch's enner, wu in dunkler Nacht
en annre ferchterlich verschlacht?

Isch's ääner, der wu ganz bestimmt
de alte Leit ihrn Schmuck weg nimmt,
als Gutmensch Gutes hot versproche
unn hot se schändlich a'geloche?
Isch's en Geschäftsmann, der ganz dreist
sei Kunde bissl als bescheißt?

Isch's ääner, der wu hie unn dann
sein Mitmensch gar net leide kann?
Ich glaab, en Mensch, wie ich unn du,
mir g'heeren als mol ach dezu!

Ich hab mich nämlich mol getraut
unn ennre Fraa es Herz geklaut!

Giftlos

De Kurt kummt widder mol besoffe
vun de Wertschaft häämgeloffe,
dorkelt im Zickzack in die Kich,
dort steht ä Weiflasch uff em Disch,
die leider Gottes is schun leer
unn des missfallt dem Kurtsche sehr!
Sei Fraa, die dut die Kich grad kehre,
selbscht des dut jetzt den Suffkopp störe.
„Willscht du?" des saacht er mit Verdruss,
„dass ich dehääm verdorschte muss?"
Dann stumpt er se mit viel Gewalt,
dass sie fascht uff de Bodde fallt!
Er dreht sich um, dann wackelt er
de Gang naus zu de Kellerdeer.
Sei Fraa eilt ihm, ´s is gar kä Frooch
dem stinkich Stiffl hinne nooch.
Ihrn Bese hinnert ihn am Gehe ,
schunn kann mer ihn beim Sterze sehe.
Er fallt uff d´Stäästuf´mit´m Gsicht,
weil er verlor es Gleichgewicht
unn hot denooch – ´s is net geloche
uff de Trepp sich ´s Gnick gebroche.
De Dockder kummt zu dem Entschluss:
U´fall mit Alkoholeifluss!

Die Spusi hot denooch bestäticht,
dass do känn Mordfall wär getäticht.
Was Mordwerkzeiche so betrifft,
benutzen Fraue meischdens Gift.
Doch manchie Fraa, machts mit Verstand,
falls sie en Bese grad zur Hand!

Gschtändnis

De Iwwls Karl hot letschdie Nacht
ä falsch Geständnis mol gemacht.
Jedoch der Polizei war klar,
dass des gar net verwertbar war
unn hot den Karl, dem was missglickt,
desweeche a gleich hääm geschickt!
Der Karl hot in der letschte Nacht
folchenden Fehler halt gemacht:
Weil er, weil´s hääß war, viel gesoffe
unn in die Wertschaft noch geloffe,
hot, ich saach´s eich, des glaabt mer numme:
en großer „Aff" mit hääm genumme.
Es war so korz nooch Mitternacht
unn dass sei Fraa die Deer uffmacht,
do hot er halt zu später Zeit
sie klingelnd aus´m Bett geleit.
Mit´m Welscherholz, des ziemlich schwer,
steht drohend sie hinner de Deer
unn saacht schloofdrunkend unn frivol:
„heit Nacht, Karl, zeich ich dir´s ämol".
Er saacht zur drohenden Hyäne:
„Zeich mer´s net, ich wills gar net sähne"!
Vun auße hot in dunkler Nacht
er d´Hausdeer blitzschnell zugemacht
damit den Karl, den arme Tropp,
es Welscherholz nit trifft am Kopp.

Denooch do schleicht er still unn leis
schnell in des nochbarlich Gehais
iwwer de Gaade nei ins Haus.
Als Nochber kennt der sich jo aus.
Die Witwe Lina sitzt im Bett
ganz wohlgenährt – unn bissl fett.
´s Nachtlämpl brennt, sie liest ä Buch,
sieht dann de Karl – unn kreischt laut: „huch".
Sie hot sich bis zum Dood erschreckt
wie sie den b´soffne Kerl entdeckt.
Uff de Bode fallt ihrn Krimi,
wie furchtbar – nää – jetzt lebt se nimmie!
Nooch Woche hot mer´s rausgefunne,
de Karl is vor de Kadi kumme:
Muss mer den Karl dann jetzt bestroofe?
Der wollt doch nur sein Rausch ausschloofe,
denn es war ihm seit Johre klar,
dass bei de Lina Platz noch war.
Unn weil sei Aldie – so en Drache
ihn wollt mit´m Welscherholz verschlache.
Zu wehre hot er sich´s verkniffe
und hot halt glei die Flucht ergriffe.
Dem Karl bassiert nix, des is klar,
weil des en echter Notfall war.

Um sechs Uhr morgens in de Frieh
do macht der Wecker krach wie nie.

Ganz schwääßgebaadet vun dem Krach,
do werd de Karle hurdich wach:
Unn newer ihm im Ehebett,
do licht sei Fraa, ganz lieb unn nett.
Er gibt're zärtlich dann en Kuss,
weil sie jo ach uffsteiche muss.
Dann denkt er traurich unn verschämt:
„ was hab ich blooß fer'n Scheiß geträämt?"

Kitzlmord

's war emol en braver Mann,
der hot ä beeßes Weib,
des quält ihn leider jeden Daach
meischdens zum Zeitvertreib!
Morchens in aller Herrgottsfrieh,
do ging des Elend los
bis owends schbeet in d'Dunkelheit,
do war des Iwwl groß.
An emme wunnerschääne Daach,
hot er des Elend satt,
sie hots dobei zu arich getriwwe,
die graißlich Hildegard.

Unn Sunndaachsmorchens in de Frieh,
sieht mer den Arme bitte:

„Herrgott bin ich net ball erlöst,
hab doch so lang gelitte".
Unn drei Daach später war´s so weit,
sie wollt grad Blumme gieße,
´s war jetzt grad zur Summerzeit,
wu all die Blume sprieße!
Unn mit de volle Gieskann geht se
naus uff de Balkon
unn des war halt im sechste Stock
„Jetzt gibt es kä Pardon!"
Sie bückt sich iwwer des Geländer
Verwelktes Griezeich abzureiße,
ihr Mann der kitzelt se ganz fescht
dut se net nunner schmeiße!
Doch sie verliert es Gleichgewicht
unn es is wie ä Wunner,
die Gieskann zieht se u´verhofft
die Hausfassad enunner.
Den Storz hot sie net iwwerlebt,
alles uhne Schmerze.
Seitdem entzünd als in de Kerch
ihrn Witwer sunndaachs Kerze.
Kä Spur vun Mord fand uff´m Disch
der emsich Patholooche
unn d´Polizei die stellte ach
dozu kä dumme Frooche.

Tödlicher Irrtum

In schwarzer Roob´unn ernstem G´sicht,
do steht der Richter im Gericht
unn ach sogar der Staatsa´walt
määnt, dass die Sach ihm net gefallt!
Unn uff de hart A´klaachebank
guckt d´Lina traurich unn ganz krank,
weil, wie mer bei Jurischde saacht,
sie weche Mord is a´geklaacht!
Newer ihr sitzt vun klääner G´stalt
verteidichend ihrn Rechtsa´walt.
Der Richter mahnt unn hot gesproche:
„´s werd Wohret gsaacht unn net geloche".
Ja so beginnt grad voller Stress
en bsonders schwerer Mordprozess.
Mer froocht sich, wie es is bassiert,
was zu dem Doodesfall hot g´fiehrt?
Die Lina schwört beim liewe Gott,
dass sie ihn net ermordet hot.
guckt aus de Wesch, saacht ganz betriebt:
„Ich hab den Hugo doch geliebt!
Er war halt siebzisch Johr schun alt
vun schlanker, großer Mannsgeschtalt.
Im Schloofzimmer war nix mehr los
unn ach beim Fernsehe schlooft er blooß.

Sei Herz war nimmie so intakt
seit letscht Johr nooch dem Herzinfarkt!
De Dokter in seim weiße Kittl
verbot ihm die Erreechungsmittl,
die es in Pilleform so gibt
unn drum bei Mannsleit so beliebt.
Drum hab ich die in dunkler Nacht
dehääm im Mörser klää gemacht.
So war des Mittel, ganz enorm
uff ämol ganz in Pulverform.
Ich du mich deshalb ach net schämme
als Pille war´s nimmie zu nemme.
Dann hab ich, um´s net zu vergesse
zum Senf gemixt vorm Owendesse.
´s gaab Wärschtle, Rindswärscht ziemlich dick,
uff emol ging die Haut zurick
nochdem de Hugo, wie´s gebührt
ins Senfglas sie hot ei´geführt.
Uff emol ruft er ziemlich wild:
„Lina ins Bett, ich glaab es gilt",
nooch dem die Worscht mit samt der Haut
er sie verschlunge, ´s Hemd versaut.
Dann bei dem tolle Liewesspiel,
extasestark mit viel Gefühl,
Herr Richter, glawen sie mir´s numme,
de Hugo is ums Lewe kumme".

„Ja," sacht denooch de Staatsa´walt:
„Sie wissen ´s war gefährlich halt.
De Dokder hot doch abgerote
unn so fer Pille ihm verbote!"
„Ja", saacht die Lina mit Bedacht,
„drum hab ich Pulver draus gemacht
unn in de Senf enei geleert,
war des dann etwa ach verkehrt?"

Mer hot die Lina – u´geloche
weche dem Irrtum freigesproche
unn sie dezu ach noch belehrt,
dass sowas sich jo halt net g´heert!

Schreckschuss

Am Schluchsee – mit viel Widerhall,
do gab´s emol en Rieseknall.
Im Hochschwarzwald – wie sich´s gehört,
hot des die Kripo furchtbar gstört.
En Jäächer war´s net, des war klar,
weil der Schuss in de Schonzeit war!
Beim Ufer nooh am Waldesrand,
en Wannersmann en Leichnam fand.

Es war kä Eischussloch zu seh
vum Kopp bis unne an die Zeh.

Unn sowas des hot dozu g´führt,
als mer die männlich Leich seziert:
En Herzstillstand war es gewest,
des stellt der Patholoche fescht.
De Atem blieb dem Opfer stocke,
so is der Kerl zum Dood erschrocke!
Der Kommisar findt ä Patron:
im Baamstamm stickt die Munizion.
Am Kieslschdää, drei Meter groß
is abgeprallt des Mordgeschooß,
hot net mol´s Opfer a´getroffe
es is in dem Fall so geloffe.
Der Herzstillstand, des saachen all,
kam vun dem höllischlaute Knall.
Wer allerdings geschosse hot,
wääß bstimmt blooß nor de liewe Gott.
Doodesursach, wie in dem Fall
gibt´s manchmol sicher iwwerall.
´s macht mancher Knallkopp so fer Bosse,
wu er hätt liewer bleiwe losse.
Zum Kadi do gheert der gezerrt
unn hinnenooch glei eigeschberrt.

Doodesursach

In Iwwerlinge am See ,
in de Strooß „An der Bleiche"
fanden Passante amme herbstliche Daach
mol ä bei Nacht ä menschlichie Leiche!
Doch, wer in der Stadt dort
der Mörder war,
des war schunn ä Rätsl
unn net glei ganz klar!
´s war känn Mord mit ´me Messer,
des saacht der Professer der Pathologie,
der sah sowas noch nie!
Nooch dem Inspiziere
vun Herz , Lewwer, Niere
do war´s ziemlich klar,
dass des känn Giftmord war!
Des Opfer, des war
allerdings gar net fett
mer hot´s erschlache
mit´m Schbätzlbrett!
´s wär am Bodensee oftmols so üblich,
zwar traurich unn furchtbar betrüblich.
Jetzt stellt sich die Frooch
ä paar Daach denooch:
war´s en Badener – en Schwwob?

´s war känn Pälzer – Gottlob!

Eigsperrt

Es war im Johr 1995, do hab ich fer die Iwwer-
prüfung unn Sanierung vun de Flüssichgaslei-
tung im Vochlpark in Schifferstadt de Ufftraach
gekriegt. Es war schunn ä außergewöhnliches
Erlebnis wammer dann zum Beispiel im Gehee-
che vun de Kronekraniche gschafft hot. Des iwwer-
aus hübsche unn neigierige Viech hot u´bedingt
zugucke misse, was ich do mach, hot als mit seim
spitze Schnawwl uff den glänzende Deckel vun der
Reglerstazion rumgepickt, hot alsmol drohend
die Flichl ausgebreit unn g´ flattert, wie en Welt-
mäschder. Uhne die lang Wasserwooch, mit dere
ich mir des Tier vum Leib g´halte hab, hab ich mich
net in dem riesische Vochl sei Arial getraut.

Daache speeter war dann die Armatur im Gääse-
geheche fällich unn do hab ich dann folchendes
Zwiegsprääch zwische emme Vadder unn seim Bu
mitgekriegt:

Bu: „Babbe, guck ä mol do!" unn er zeigt
          durch de Zaun mit seim Finger uff mich.
Vadder: „Bu, mer zeigt net mit seine nackische Fin-
          ger uff a´gezochene Leit"
Bu: Awwer Babbe, guck doch mol ho hie"
Vadder: " Was is dann, Biewl?"
Bu: „Do is enner drinn bei denne Gääse"

Vadder:„Ewe seh ich´s aa!"

Bu: „Babbe, hot der ebbes a´gstellt, weil die den eigsperrt hänn?"

Vadder:„Nä Bu, der schafft blooß do drin!"

Bu: „Was macht der dann, Babbe?"

Vadder:„Siehscht des net, der repariert doch die Gasleitung!"

Bu: „Muss der jetzt immer do drin bleiwe?"

Vadder:Nä, blooß bis er Feierowend hot!"

Bu: „Unn der schlooft werklich net do drin?"

Vadder:„Awah, der schlooft bschdimmt heit Nacht bei seinere Fraa!"

Bu: „Babbe, kriecht der des selwe Fresse, wie die Gääse do drin?"

Vadder:Oh je Bu, du detscht was mache. Unner Middaach derf der do raus unn dort in dere Wertschaft kriegt der bstimmt ebbes Gutes zum Esse!"

Bu: „Baabe, werd der denooch widder elgsperrt bis zum Feierowend?"

Vadder: ´s is halt emol so, sunscht werd der jo mit seinere Ärwet net ferddich!"

Bu: Babbe – guck ämol dort, der Gääsbock stuppt den Mensch jo mit seine krumme Hörner am Hinnere, was will dann der?

Vadder: „Ach Bu, der will halt blooß spiele unn Stutzebock mache!"

Bu: „Awwer Babbe, der do mit denne blaue Schaffklääder hot jo gar kä Hörner, warum?"

Vadder: „Wääscht Bu, der hot halt noch kännie uffg´setzt kriegt!"

Bu: „Gucke mer noch ä bissl zu?"

Vadder: „Biewl, ich glaab mir missen langsam widder hääm gehe!"

Bu: „Babbe, kumme mer morge widder do her?

Vadder: „Nä Bu."

Bu: „Was mache mer dannn morge?"

Vadder: „Ich wääß, was mer morge machen. Mir gehen morge in de Vochlpark nooch Ichlem niwwer!"

Bu: Babbe, is do ach widder enner eigsperrt?"

Es Fünfte, Sechste unn Achte ?

Es is ä düstrie Herbstnacht. Die Nacht vum Mittwoch uff de Dunnerstag. E halwie Stunn nooch Mitternacht!

De Erich, en stattlicher Mannskerl vun Mitte Fuchzich unn fascht zwää Meter groß, macht sich uff de Häämweg. Es war halt mol widder en langer Stammtischowend unn känner hot ä End gfunne um häämzugehe. Kaum war enner ferdich mit verzehle, hot en annerer widder ä neies Thema a´gfange, alsfort unn als weiter gebabbelt.

Dehääm a´kumme schließt de Erich ganz leise die Haustür uff, ziecht sei Schuh aus unn macht´s Gang licht a, damit er sei schloofendes Herzebobblche, die Ernl, jo net wecke duut. Vorsichtich macht er die Schloofzimmertür uff unn än zarter Lichtschtrahl fallt uff sei a´getrautes Eheglück. Sie rekelt sich langsam im Bett hie unn her. Was riecht dann do in dem Zimmer so annerscht, wie sunscht? „Des is en Duft, wie des Parfiem „Non Chalonge", des wu ich meiner Fraa zur silwerne Hochzich gschenkt hab, ja – genau des iss es", stellt er fescht.

De Erna ihr Nachthemd is uffgekneppt bis an de Bauchnawwl. Jetzert langt se mit de rechte Hand an ihrn zarte Buse, streichelt´n unn liebkost mit em Zeiche- unn Mittlfinger die vorstehend bräunlich Bruschtwarz. Korz denooch verzieht sie die Mundwinkl zu emme Grinse unn stöhnt ganz leise unn genussvoll vor sich hie: „Aah – ooh – noch ä bissl – weiter so – aah", dringt iwwer ihre blutrote Lippe sanft ins Schloofzimmer.

Nä, so Laute hot der Erich seit Johre nimmie vun seim Weib vernumme. Iwwerraschend dreht se sich uff de Bauch unn schlooft entspannt weiter.

Dass ihrn Mann sich ganz uffgereecht newer se legt, kriecht se ach gar nimmie mit.

So geht des uff ämol alle Mittwoch-Nacht vorsich unn de Erich macht sich langsam ernsthafte Gedanke, wie des uff ämol bei ännere Fraa vun Afang Fuchzich zustande kumme kann.

Weil em des doch kä Ruh losst unn er den Grund fer sofer A´wandlunge erfahre will, verabschiedt er sich mittwochs vun seim Liebling. Er losst die Deer zubatsche, geht awwer net fort unn legt sich uff die Lauer um dem sonderbare Verhalte vun seinere Ernl gewahr zu werre.

Wie´s dann langsam dunkl worre is, macht sich die Ehefraa ausgehferddich unn verlosst´s Haus.

U´bemerkt folcht er ihre unn stellt fescht, dass se ihrn Weech in Richtung Kerch ei´schlacht. Zwischezeitlich is es stockdunkl worre.

De Haupteigang vun dere barocke Kerch is verschlosse, awwer uff de Rückseit is noch ä kläänie u´verschlossenie Deer, die zu ennere Wandeltrepp nuff bis zu de Orchl führt.

Ganz u´bemerkt schleicht er ihre nooch unn versteckt sich owwe zwische zwää Kerchebänk uff der Empore. ´s letschde Mol hot er bei seinere Firmung ä Kerch vun inne g´sähne.

Hinner dem Uffbau fer die riesiche Orglpeife fiehrt en klääner Durchgang vorbei. Dort brennt ä kläänes Kerzelichtl.

Er heert was bischbere unn sieht blooß noch zwää Schatte; den vun seinere Fraa unn noch en männlicher. Zwää u´bekleidete Körper schmiechen sich anenanner, liebkosen sich unn laufend heert er die selwe Laute, wie sunscht ach mittwochs in dem eheliche Schloofgemaach.

Des Schauschpiel geht so ä dreivertl Stunn . Uff ämol schlacht´s Zwölfe!

Jetzert heert er widder deitlich die Stimm vun seim geliebte Eheweib, die saacht: „Süßer –

Liebling, ich glaab ich muss schnell hääm, bevor mein Alter widder im Surwl mich dehääm sucht". Ruckzuck is se die Wendltrepp nunner verschwunne.

Ganz vorsichtich kummt ä schlankie G´stalt hinner denne Orglpeife vorg´schlubbt. Splitternackich bis uff die Unnerhoos unn noch ganz außer Atem.

Zum Ausschnaufe stellt se sich vor an die Brüstung vun dere Empore unn guckt abgschlafft nunner, dort wu de Altar steht. „Ä Gstalt, ä männlichie Gstalt, glaabscht dann des" geht im Erich durch des Kopp.

„Jetzert gilt´s" entschließt sich der gehörnte Ehemann, krawwelt mucksmaislstill aus seim sichere Versteck, packt des männliche Wese an de Hinnerfieß unn katapultiert´s fünf Meter tief iwwer die Brüstung die Empore enunner.

An dem Hooke an de Wand, dort wu als der Organist sein Mantel uffhänge tut, sieht er irchend ä schwarzes Gewand, wu im dunkle aussieht, wie wann´s im Herr Parrer sei Sutane wär. Genau is des awwer bei der Dunkelheit net zu identifiziere, vor allem wann´s em bressiert, den Tatort zu verlosse.

Wie er dann häämkummt, froocht'n sei Allerlieb-
schdie, wu er dann so lang noch war. „Ach, mer
hän beim Seppl noch en Absacker getrunke unn
des hot sich halt noch ä paar Stunne nausgezo-
che", hot er germäänt.

Am nächste Morge schließt die scheiheilich alt
Lisbeth in aller Früh die Deer vum Hauptportal
uff, weil jo ball die Frühmess afangt. Wie se uff
dem schääne Altar aus rosarotem Portogallo-
Marmor en nackischer Mann liege sieht, kreischt
se vor Schrecke ganz laut naus. Ä nackischie
Leich, die regungslos die arm Lisbeth astarrt. Bei
dem Storz vun dere Empore hot der Kerl sich's
Genick gebroche. „Ach Gott, de Franzl unsern
Organist, des war doch so en braver Kerl, hot der
so ebbes verdient" hot se noch iwwer ihre schma-
le Lippe gebrocht.

Uff'm Altar war grad die riesegroß Biwl uffgschla-
che, do wu im Moseskapitel die 10 Gebote stehn.
Dem Franzl sei Finger zeichen leichestarr uff ä
Stell vum fünfte, sechste unn achte Gebot!

Ä halwie Stunn schbeeter werren de Erich unn sei
Ernl durch die laute Geräusche vun Matinshörner
geweckt.

„Wer hot dann do widder ebbes a´gstellt" määnt
de Erich, dreht sich nochmol im Bett rum unn
schlooft äfach weiter, wie wann nIx gewest wär.

Hoorscharf

Fuchzisch Johr is es schun her. Vor fuchzisch Johr war er's erschde Mol, in dere bunte Maneesch g'schtanne unn hot seim Vadder assischtiert.
Mit zeh Johr als klääner Clown Peppino in de Middaachsvorstellung. Sein Vadder hot ihn im Zirkuswache großgezoche unn hot, als de Pepino zwanzich Johr alt war, 's Zeitliche gseechent.

Mit seinere alte Trumpeet hot de Pepino die Zuschauer immer widder zum Lache gebrocht. Nää, zum Lache war's 'm bschtimmt net immer zumut.

Er war wohl bei denne Zirkusrääse in viele Herre Länner, awwer Zeit fer die schääne Städt wie Rom, London unn Paris a'zugucke hot er nie g'hatt.

Wie de Vadder noch gelebt hot, hot er seim Bu als verzehlt, wie er im Kriech bis iwwers Nordkapp naus die Kamerade unnerhalte hot unn dass er schwer verletzt hääm kumme is. Unn dann hot er noch vun denne Eisbäre g'schwärmt wu er domols in Norweeche gsäähne hot.
Ja – des wär's doch. Ämol dort hie rääse zu känne um die weiße Riese aus sicherer Entfernung zu betrachte des war sein Wunschtraum.

Awwer vun dere klääne Gaasche – nää, des war ä
Ding der U´meechlichkeit!

Vor emme Johr is en Artischt in de Zirkus kumme,
en strammer Max, der sich Dschino genennt hot.
Mit seine g´fährliche Wurfmesser hot er uff ä
routierendie riesegroßie Scheib gschmisse uff der
sei Assischtentin agschnallt war. Hoorscharf an
ihrm Kopp unn Revükörper vorbei hot er die far-
wich Holzwand getroffe. En Schlurie war der jo,
der Dschino, en richdischer Casanowa, wie er im
Buch steht.
Die zierlich Sääldänzerin, die Fabia, die wu seit
langer Zeit mit dem Peppino gut befreundt war,
hot dem Uffreißer ach net widderstehe känne.
Unn des hot dem arme Peppino ´s Herz gebroche.
Fort, nix wie fort, hot er sich gsaacht. Awwer uh-
ne Zaschder, wie soll des klappe?

Der Dschino, der mit seiner Vielweiwerei, war
bekanntlich gut betucht. Mer hot mitkricht, dass
der mit denne „Dame" kä Sprudlwasser gsoffe
hot. Des Knalle vun de Sektkorke hot mer nachts
bis in de letschde Winkl vum Zikusareal knalle
heere.
Am schääne Daach is de Peppino zufällig de-
hinner kumme, wu der Lumpehund, der elende,
sei vielie Kneete versteckelt hot.

In de unnerschde Schublade, ennie mit emme doppelte Boode, in dere Kummod im Zirkuswache, do war´s zum Greife nooh.

„Ämol doch die weiße Eisbäre säähne unn nie mehr dem Dschino, dem Dreckskerl, iwwer de Weech laafe zu misse – des wär´s doch!
Uff dere Rundrääs durch Deitschland hot der ganze Zikustross in Hamburg Stazion gemacht.

Heit Nacht, wann der Scheißkerl widder im fremde Zirkuswache seim Sexuallewe fröne dut, do solls bassiere!

Still unn leise macht sich der, doch inzwische gealterte Clown Peppino, mit emme Dietrich, emme Noochschlissl in dunkler Nacht uff de Weech zu dem verschteckelte Geldschatz um sich endlich zu bereichere unn die Flatter zu mache.

„Bis der Casanova heit in de frühe Morgestunne hääm kummt, bin ich dann schunn uff hoher See unn kann dem erbärmliche Zirkuslewe „adschee" saache unn bis der Dreckskerl sei Barschaft vermisst, hot des Schiff schun die Leine los gemacht" hot er sich gedenkt.

Grad wie er des Geheimfach uffmacht unn den haufe Kies raushole will heert er Schritte unn die

Deer vum Zirkuswache geht uff.

Ä dunklie Gschtalt, de Dschino, schwankt in den Wache, sieht wie sich en Eibrecher an dere Schub lad zu schaffe macht. Blitzschnell zieht er sei Stillet aus dere Messerscheid unn des Wurfgschoss fliecht raketeartisch seim Ziel entgeche.

Nää – ken Zentimeter denääwe. Genau ´s Gnick vum Peppino hot´s getroffe. Der arme Kerl, tödlich getroffe, is lautlos uff de Boode g´sunke.

Des Frachtschiff uff em Weech zu de Eisbäre hot um Mitternacht uhne den vorgsehene Passaschier den sichere Hafe verlosse.

Briehwarm

Die Nacht war hääß, de Schorsch is b´soffe
vun de Wertschaft hääm geloffe.
Noochdem er ziemlich viel getankt
is er allmählich häämwärts g´schwankt.
De Vollmond hot in dere Nacht
des Schauspiel sich emol betracht.
Blooß manchmol is am Firmament
ä kläänie Wolk vorbei gerennt.
De Schorsch, der innerlich ganz nass,
schwankt weiter durch die Hinnergass
unn kummt im Haus mit Nummer drei
im b´soffne Zustand ach vorbei.
Ganz owwe drin im zwätte Stock,
do wohnt die hübsche Jungfer Bock.
Am Haus, des is er net gewöhnt,
do is ä Lääder a´gelehnt.
Er sieht, wie er do rumgedappt,
die Fensterlääde uffgeklappt.
Im Zimmer drowwe isch´s net still,
do heert mer ä Gekrisch – ganz schrill
unn lustvoll juchzend ziemlich laut,
dass es em fascht zum Bode haut.
Is dann die Jungfer mit Gefühl
do owwe grad beim Liewesspiel?

De Schorsch steigt bissl uff die Lääder
unn uff de dritte Stuf, do steht er.
Weil´s sich vum Suff im Kopp rum dreht,
do steigt er nab, bevor´s zu spät,
rennt hääm zu seinere Adele
unn dut´s rer briehwarm glei verzehle.
Mer braucht´s net in die Zeitung schreiwe,
imKittlschorz tut sie vertreiwe
die Noochricht hurtich der Mathilde
im Nochberhaus, dass die im Bilde
unn jedenfalls des sofort wääß.
So geht´s im Dorf rum, briehwarm hääß!
Unn´s war in dem Ort jetzt net klar
ob d´ Jungfer Bock noch Jungfer war.
Es hot sich allerdings gezeicht,
dass des Gerücht der Wohret weicht.
Die Freudeschreie wär´n gewese,
weil´s Follein Bock ä Buch gelese.
Es war ä Buch, ä schäänes, feins,
geschriwwe hot´s de Wüste Heinz!

Qualmdutt

Ihrn Buse war nur leicht bedeckt,
die Mordslust hot´s in ihm geweckt.
Es war frieh morgens – so um Vier,
Fest schlooft se wie ä Murmeltier,
weil er ä Schloofpill seiner Grott
im Nachtesse versteckelt hot!

Geraacht hot se als, wie en Schlot,
genitzt hot do kä Raachverbot.
Des Haus, des war zum große Jammer
kä Wohnung – nää – ä Räucherkammer.

Des hot den arme Kerl gestört,
weil äfach sie net uffgeheert
unn alsfort widder hot geblotzt,
des hot ihn stännisch a´gekotzt!

Unn er beschließt:"jetzt muss es sei
des End vun dere Raacherei."
Er hot ihr d´Gorschl zugedrückt
unn sie is qualvoll dra erstickt!
Dobei fallt ihm der Spruch noch ei:
„Raache, ja des kann tödlich sei"!

Späte Rache

Eine Stunde nach Mitternacht. Das weiße riesige Kreuzfahrtschiff ist im Nordmeer bei Norwegen auf dem Weg von Bergen nach Kristiansand. Vierzehn Seemeilen von der Norwegischen Küste entfernt, bei ruhiger See gleitet der Ozeanriese seinem Zielhafen entgegen. Der Himmel ist bewölkt, die Außentemperatur beträgt etwa 12 Grad Celsius, es ist Anfang September. Pechschwarzer Himmel und in weiter Ferne blinkt in gewohntem Rhythmus das Leuchtfeuer von Stavanger.

Seit langem haben wir uns vorgenommen, einmal diese Reise zu unternehmen. Nein, es hat nie so richtig geklappt und nun ist es so weit. Eine gemütliche Außenkabine mit einem winzigen Balkon dürfen wir eine Woche lang unser Zuhause nennen. Im aufregenden Pyjama mit einer warmen Decke über den nakten Schultern steht sie auf dem luftigen Balkon im Freien und lässt sich den salzigen Fahrtwind um die Nase wehen. Sie, Genie, wie ich sie seit unserem Kennenlernen anspreche, stützt sich mit beiden Armen auf die etwas über einen Meter hohe Brüstung. Eigentlich wurde sie auf den Namen Genovefa getauft. Nein – so etwas würde ich doch nie zu ihr sagen. Genovefa nennt man vielleicht eine meckernde Ziege.

Der strahlend leuchtende Vollmond wirft eine lange helle Bahn auf die Meeresofberfläche während sich der dichte pechschwarze Wolkenhimmel etwas öffnet.
Kurzerhand schließt der Nordostwind die dichte Wolkendecke und die Schwärze der Nacht verhüllt das Firmament.

Ich gehe hinüber zur Minibar und ergreife eine Flasche Sekt am Flaschenhals. Leise öffne ich die Balkontür. Vor mir, in Gedanken versunken, schaut Genie auf die endlose Weite des Meeres.

Mit voller Wucht trifft die ungeöffnete Sektflasche die Genickpartie meiner Lebensgefährtin. Den Oberkörper über das sichere Geländer des Balkons gebeugt verlassen die Sinne Genies Körper. Mit festem Griff, die Oberschenkel meines Opfers fassend, schleudere ich sie von „Deck Neun" hinab ins graue Nass des Meeres. Ihr heller Pyjama, ein grauer Schatten, treibt dem Kielwasser zu.

Ganz außer Atem begebe ich mich zurück in die Kabine, lege mich auf das weiche Bett und lasse die letzten Jahre Revue passieren.

Es war ein schöner Frühlingstag vor mehr als fünfundzwanzig Jahren als ich dieses flachbusige Mädchen auf einer Party kennen lernte.

Aus einem Rendezvous entwickelte sich alsbald eine feste Verbindung. Kochen konnte sie noch nie was mir mundete, aber in dem Zustand der ersten Verliebtheit sieht man ja über macherlei Gegebenheiten hinweg, was einem im späteren Leben unerträglich erscheint. Mit der Zeit wurde ihre Haushaltsführung immer schludriger. Das Essgeschirr vom unappetitlich angerichteten Mittagsmahl stand abends noch verschmutzt im Spülbecken in der Küche. Das Nachtlager befand sich noch in zerwühltem Zustand. Liebkosungen, wie sie zu Beginn unserer Beziehung an der Tagesordnung waren, sind ganz aus unserem Eheleben verschwunden. Jeden Freitag verschwand sie abends, hurte in der Stadt herum und im Morgengrauen läutete sie mich in volltrunkenem Zustand aus dem Bett, weil sie nicht mehr fähig war, die Tür aufzuschließen.

Eine Scheidung kam aus Kostengründen nicht in Frage – nein – wirklich nicht. Etwas Erspartes habe ich im Laufe der Zeit beiseite gelegt für einen eventuellen Notfall. Dieser Notfall ist nun eben eingetreten.
Ein Lastminuteticket zu einem Schnäppchenpreis, ja das konnten wir uns gerade noch zu unserem fünfundzwanzigsten Hochzeitstag, zur Silbernen Hochzeit, leisten.

Am frühen Morgen gab ich eine Vermisstenmeldung der Crew des Schiffes bekannt. Die Einleitung einer Suche blieb erfolglos.

Ob ihrKörper in den Sog der Schiffsschraube geriet oder mit einem Ausläufer des Golfstroms in nördliche Richtung trieb, war ungewiss und unerklärbar.

Ein lautes Signalhorn unseres Kreuzfahrtschiffes bei der Einfahrt in den Hafen von Kristiansand ließ mich aus dem Tiefschlaf erschrecken. Neben mir lag Genie, meine liebenswerte Lebensgefährtin. Liebevoll küsste ich ihre beiden Wangen und streichelte sie am ganzen Körper.

Er war zu Ende, dieser schreckliche Albtraum, der eine grauenvolle Beziehung widerspiegelte, die ich niemals im Leben erfahren musste.

Geklärt un u´geklärt

De Mörder vum Tatort,
ging glei nooch de Tat fort
unn der Komissar,
wääß net wer es war.

Mer heert´s laufend munkle,
d´ Polizei dappt im Dunkle.
Was mer do so heert
´s wär noch nix uffgeklärt.

Es hilft der Statistik
net mol die Ballistik.
Mer is sehr erbööst,
weil der Fall u´gelöst.

Der Mörder, wie dumm,
laaft noch frei erum.
Obwohl mer ihn sucht,
bleibt er uff de Flucht.

Beim Krimi im Fernseh,
den ich meischdens gern seh,
Do isch´s umgekkehrt,
´s wärd fascht alles geklärt.

Erinnerunge an sellemols

Frollein?

Es gibt doch tatsächlich Mensche, die behaupten: ich wär vorlaut. Unn ich muss saache: "die Leit hänn Recht!"
Des war schunn immer so, geännert hot sich des net unn des werd sich ach nimmie ännere.

De erschte Ärger hab ich schun in de Volksschul g'hat. Des war im Rechenunnerricht in de erste Klass! Die erst schulpädagogisch Lehrkraft war ä Lehrerin unn mir hänn domols all minanner „Frollein" zu're gsaacht! Dass des jedoch net de Wohret entsproche hot, hot sich erscht später rausg'stellt.
Jetzt zu meim vorlautere Erlebnis:
Es war 1957 unn im Radio is immer widder der „banana-boatsong" vum Harry Belafonte zu höre gewest. Der hot mir so saugut gfalle. Im Original hot der Harry gsunge „come, mister tully man, tully me banana" . Weil ich nadierlich in de erschde Klass noch kä Wort Englisch gekennt hab, hab ich immer "He Mischter Dallimann" vor mich hie gsunge.
Die Lehrerin wollt uns dodurch 's Rechne beibringe, indem se lauter Kreise an die Tafl gemolt hot, in denne verschiedene Menge Banane drin waren.

Bei dere Situaion is mir sofort dem Harry sei Lied eigfalle. Ich hab de Finger gstreckt unn uhne uffgfordert gerufe: „Frollein, ich kenn do ä Liedl, he Mischter Dallimann, siwwe Stück Banane".

Weil ich jedoch vun dere Lehrerin net uffgfordert worre bin ebbes zu saache, geschweiche ebbes zu singe, hab ich mich im Schulsaal fer ä Weil in die Eck stelle misse.

Dodebei war ich mir jo iwwerhaupt gar kännere Schuld bewusst! Awwer des muss domols doch ä pädagogisch wertvollie Erziehungsmethode gewest sei, jedenfalls hab ich des net noch emol gemacht. Nooch emme halwe Johr is des „Frollein" nooch de Herbschtferie nimmie zum Unnerrichte kumme unn mer hot erfahre, dass se schwanger gewest wär.

Dass jedoch des „Frollein" gar kä „Frollein" mehr war, hab ich als u´uffgeklärter ABC-Schütz jo noch net wisse gekännt unn des war ach gut so!

Sellemols hot mer noch zu ennere Fraa, die net verheirat und vielleicht sogar ä bissl älteren Datums war „Froin Sowieso" gsaat. Heitzudaach saacht mer bei junge Mensche schun „Fraa Sowieso".

Weiter will ich des Gedankeschbiel gar net spinne.

Die Dante Lensche und die Lieselotte vun de Palz

Mer saacht jo als: „So lang iwwer em geredd, gele se odder an äns gedenkt werd, is mer noch gar net richdich doot!"

Erinnere du ich mich gern an die Dante Lensche. Eichentlich hot se jo Magdalena g'hääße unn hot in Speyer im Ehrlich gewohnt. Die Dante hot domols schunn en Führerschei ghatt unn en Lloyd g'fahre. Mein Vadder hot mer verzehlt dass de Unkl als gsaacht hot: „Liewer Gott, wann en annerer liewer hoscht wie mich, dann hol den zuerscht". De liewe Gott hot den Unkel Adam doch arich lieb g'hatt, unn do is er halt noch vorm Dante Lensche g'schdorwe.

Die Dante is als mol ab unn zu bei uns in de Gutebergstrooß in de Innetadt vorbei kumme. Entwedder hot se grad uff de Kloo gemisst odder sie is zum Kaffeetrinke kumme. Domols hot's bei uns noch Muggefugg gewwe, des war so en Ersatzmischung die hot Quieta" odder „Kathreiner" g'hääße.

In Duttweiler, de Unkl Robert hot ä bissl Landwertschaft g'hatt unn war Schuhmacher vun Beruf. Wammer dort uff de Kloo gemisst hot, des war so en Plumskloo, is mer halt de Hof hinnere geloffe .

Des Haisl war uff de Mischtkaut g´stanne. Wann
die Mischkaut, de Mischthaufe, net so groß war,
sinn alsmol die Hiehner unner dem Kloohaisl rum-
gedappt unn hänn nooch WÜrmer gepickt.
Warum ach immer, do war ä braves Hinkl, ä
schwarzes, unn des hot de Unkl Robert „Lensche"
gerufen, so wie die Dante a g´hääße hot. Vielleicht
war do ä bissl Ironie debei.
Wie ich mol in de Ferie beim Unkl war unn uff den
Kloo gemisst hab, hab ich den Holzdeckl uff die Seit
g´schowe. Weil´s halt grad bressiert hot, hab ich
mich glei uff des runde Loch g´setzt. In dem Mo-
ment is des gefiederte Lensche, wu unnerm Kloo-
sitz sich uffg´halte hot, hochg´flattert unn hot mich
so verschreckt, dass ich uff ämol gar nimmi gemisst
hab. Seitdem hab ich immer erscht geguckt, ob sich
unner der Schusslinie fer den menschliche Abfall kä
Hinkl mehr befinne dut.
Jetzert zu dem Dante Lensche nooch Speyer zurick.
Im Aschtoria-Kino in de Unner-Langgass is der Film
„Liese-lotte von der Pfalz" geloffe. Do waren dann
so ä paar Szene, wu die Lieselotte, die jo am könich-
liche französische Hof war, ä dief ausg´schnittenes
Klääd a`ghatt hott. Unn der Ablick vunn dem pralle,
weiße Buse hot mir des jo als dreizehjährichem Bu ä
bissl gfalle.

105

Den Film hätt' ich mer jo zu gern nochmol age-
guckt, awwer fer zwää Mol hinnernanner ins Kino
zu gehe, hot's mei Daschegeld net hergewwe.

Als der Film noch ännere längere Zeit widder uff
em Spielplan war, hab ich gedenkt: „Jetzt muss
ich mer doch werklich än Sponsor suche". Unn
wie 's Lewe so spielt, is mer die Dante Lensche
grad recht kumme. An Iwwerredungskunscht hot
mir's jo net g'fehlt, unn an Argumente ach net
um so en g'schichtsträchticher Film nochmol
a'zugucke. Unn's hot geklappt. Die Dante Lensche
is mit mer ins Kino gange unn ich hab mir des uff-
reechende Dekoltee mit Genuss newer der alte
Dante in aller Ruh nochmol betrachte derfe.

So ä Erlebnis bleibt emme doch noch johrelang in
Erinnerung unn die Dante Lensche aa, genau so
wie des brave Hinkl, wu später mol ä guutie Supp
gewwe unn ghääse hot, wie die Dante Lensche.

Awwer heit gibt's jo kaum noch vun denne
Plumskloos aus Holz uhne Wasserspülung!

Springflut

Es war zu der Zeit, wu die Insl Amrum in Nordfries-
land ausg'sähne hot wie en riesegroßer Schuh mit
emme große Absatz. Den „Absatz" hot sich aller-
dings bei dere große Sturmflut 1962 's Meer wid-
der ei'verleibt.

Weil ich domols immer viel mit Bronchitis zu due
g'habt hab, hot mer Dokder en Uffenthalt an dere
rauhe Seeluft an de Nordsee verordnet. In dem
selwe Johr war dann ach en Termin fer's Schbeet-
johr eigeplant.

Im Vorfeld hab ich dann ach viel Informazione ge-
kriegt iwwer's Meer unn vor alle Dinge Verhaltens-
maßrechle. 's Meer hab ich jo noch nie im Lewe
vorher gsehe. Dass des als mol verschwinne duut
unn später widder kummt unn dass mer des Ebbe
unn Flut nennt. So en schlauer Zeitgenosse hot mer
ach ausfiehrlich erklärt, dass des Kumme vun dem
Wasser blitzschnell erfolche kann unn dass mer des
Schbringflut nenne deet.

Nooch enere lange Zuuch- unn Schiffahrt bin ich
dann mit dem Kinnertransport in Norddorf uff der
schääne Insl a'kumme. U'zählliche Düne unn der gro-
ße Sandstrand, den die dort Kniepsand nennen hot
mich schun beeidruckt.

Am nächste Daach hänn sich alle Buwe mit unse-
re strenge, awwer hibsche Betreuerin Karin uff de
Weech ans Meer gemacht. Jetzt hab ich ´s ersch-
de Mol des Meer rausche höre.

Mir sinn vun de Düne bis ans Wasser hie geloffe
unn hänn uns schblitternackisch auszieche misse,
weil jo känner ä Badehos debei g´hatt hot. Des
war ewe wie am FKK-Strand. Domols hab ich
awwer noch gar net gewisst, dass es uff unserer
bucklische Welt so ebbes gewwe dut. Dem Wasser
hab ich mich allerdings norre mit emme Sicher-
heitsabstand genähert. „Ob do ach ä Springflut
kumme deet" hab ich befürcht. Des alles blooß ,
weil mir so en „Iwwerschlauer" dehäm zuviel
Angscht gemacht hot.

Am nächste Daach hab ich mich dann doch ge-
traut mit de Fieß ins Wasser zu gehe, weil ich jo
festgstellt hab, dass des Wasser jo gar net so
schnell war.

In denne sechs Woche, wu ich die gsund Meeres-
luft hab schnubbere derfe, do is mir ä Fremdwort
begechend, mit dem ich nix hab a´fange känne:
Mei „Leidensgenosse" hänn nämlich als gsaacht;
dass ich „albern" wär. Is des dann ebbes s
Schlimmes?

Die Mauer

Mir, des war mei Freundin, die domols vielleicht elf Johr alt war unn ich mit meine dreizeh Lenze.

Do, wu heit die St. Bernhardskerch in Speyer steht, war frieher de „alte Friedhof", der heit Konrad-Adenauerpark hääßt,. Ä große Stäämauer, die mer vum Hirschgrawe aus heit noch sehe kann, hot des Arial eig´fasst. Des war zu unsrer Zeit ach schun en schääner Park unn mir hänn uns bis spät owends so schää verspielt, dass mir gar net gemerkt hänn, dass do alle Deere zug´schlosse worre sinn.

Iwwernachte wollte mer jo schließlich dort net unn außerdem hot ach känner gewisst, wu mir uns rumtreiwen. ´s hot blooß ä Lösung gewwe: die Reiwerlääter. So is es uns ach gelunge aus dem u´freiwilliche G´fängnis zu befreie.

Wann ich heit als noch dort vorbei kumm, denk ich als dra, dass mir dort mol eigschberrt waren unn dass domols in Berlin ach ä Mauer gebaut worre is, iwwer die mer net so äfach driwwer gederft hot.

Phillipp unn Phillippinche

Ich steh am Gleisweilerer Friedhof, guck weit in die Rheiebene in Richtung Nordnordost unn seh bei klarem Wetter die zwää Kühltürm vum Kernkraftwerk in Phillippsburg. Phillipp unn Phillippinche hän mir se insgeheim gedaaft.

Wann ich noch zurick denk, wie ich mit meim Moped 1967 im Auwald rumgfahre bin unn uff de annere Rhei´seit g´sehe hab, dass do än riesicher Bau in de Himmel wachse tut.
Uff A´hieb is mer des Monstrum doch ä bissl seltsam vorkumme unn wie ich dehäm g´froocht hab, was des mol gewwe soll, hab ich erklärt kriegt, dass des Kühltürm fer ä Atomkraftwert gewwe sollen.
Dass es sowas gibt, hab ich domols g´sehe, wie mer nooch Mosbach gfahre sinn zum Ofekachle abhole unn so was war domols schunn am Neckar g´stanne.
So richtich glaawe wollt ich des jo eichentlich nit. Ä Atomkraftwerk in unserer Näh. Des is doch ebbes Gfährliches mit dem Atom! Atomkraftwerk unn Atom-bome hab ich irchendwie in Verbindung gebrocht – halt mit em furchtbar beängschdischenden U´geheier.

110

Jetzert, wu des schlimme U´glück in Tschernobyl unn Fukushima in Japan bassiert, ist hot mer sich entschlos-se, aus de Atomkraft auszusteiche, aus ennere Energie-gewinnung, die fascht mei ganzes Lewe mich begleit hot.

Awwer sollt mer die Kühltürm net doch vielleich stehe losse, als Denkmal unn Mahnmal?

Wann ich jetzert mein Kopp nooch rechts in Rich-tung Ostnordost drehe tu, seh ich en Haufe Wind-räder, wie Spargle aus em Bode gucke. Saach mer mol so: „Schää is annerscht". Awwer ich denk, un-ser Enkel werren sich ach do dra gewöhne, so wie mir uns an de Phillipp unn´s Phillipinche gewöhnt hänn. Außerdem gibt´s do wahr-scheinlich nit des Problem mit de Endlaacherung, wie beim Atom-müll!

Vielleicht werren die gflichelte Stangespargle ach mol gedaaft, so wie mir´s beim Phillipp und beim Philippinche gemacht hänn.

...unn net abg´holt

´s is nix ärger, wie en arger Ärger" hot unsern
Buch haltungslehrer g´saacht, wie ich die Buch-
halternas ´s erschte Mol verkehrt gemacht hab. ´s
hot awwer ach mir als junger Kerl vun siebzeh
Johr nix ärger weh gedue, wie mein erschder Lie-
weskummer. Die Oma Anna, die wu eigentlich
gar net mei richdichie Oma war, hot mich mit
denne Worte getröscht: „ä annrie Mutter hot ach
ä liewes Kind". So sinn dann ä paar Johr vergange.
Ich war mol widder solo unn hab samstdaachs nit
gewisst, wie de Sunndaach aussehe soll. Vielleicht
sollt ich mol die Hannelore aus Duttweiler a´rufe,
die ich jo schunn gekennt hab, wie se noch ä klää
Mädl war. „Hoscht du eichentlich fer morge was
vor?" kummt´s nooch de Begrießung blitzschnell
iwwer mei Lippe. „Mir wissens noch net genau"
hot se geantwort. „"Mir, des is mei Freundin
Gerda unn ich".
Wann d´willscht deete mer uns um vertel Drei am
Busbahnhof in Neustadt treffe, do kumme mer
mit´m Bus a", hänn mir dann vereinbart. Glei
nooch em Middachesse bin ich mit meim lind-
grüne VW nooch Neustadt gfahre unn war schun
um zwää Uhr an dem vereinbarte Treffpunkt.
´s werd vertel Drei, ´s werd halwer Drei.

Ään Bus noch em annere halt, Leit steichen aus, awwer ´s is kä Hannelore zu sehe.

Do erinner ich mich an unsern Religionslehrer der gsagt hot: „mer soll net länger wie ä vertel Stunn uff ä Mädl waate!" Na ja, bei zwää Mädle, wär des jo jetzt schunn ä halwie Stunn unn des langt awwer a!

Uff ämol kummen do zwää annere weibliche Tenager vorbei, die mich do stehe sehen, wie b´stellt unn net abg´holt. ´s dauert ach net lang do kummen mir mitnanner ins G´sprääch. „Mir wollen grad in die Altstadt gehe unn Pizza esse", hänn se mer verzehlt unn wie ich g´froocht hab, ob ich do mitgehe derf, hänn die ach nix degege g´hat. Awwer Pizza esse, so was hab ich noch nie im Lewe gemacht. Pizza, was is dann des unn wie sieht dann so ebbes aus? So hot en sunnicher Sunndach mit de Elfie unn de Gudrun a´gfange.

In dere Pizzeria hänn die zwää Dame zuerscht ihr kuchetellergroße, pannekucheähniche Gerichte serviert gekriegt, die mer scheinbar als Pizza bezeichent. Nooch dem ersche Abschneide vun so emme Stick zieht sich do ä zähes goldgelwes Ebbes, wu mer Kees nennt, en halwer Meter in die Höh. „So was soll ich jetzt ach esse?" hab ich ich mich gfroocht, „awwer jetzt is se bstellt unn do werd se ach prowiert unn gesse!" Des hot jo richtich Spass gemacht unn so hab ich mein Teller bis uff de letschde Bisse leer gesse.

Mit de Elfie, die anscheinend mit mir, dem versetzte Kerl, ä bissl Mitleid g'hatt hot, mach ich fers nächschde Wocheend en neie Treffpunkt aus. Dodraus is ä Beziehung worre, die wu iwwer ä Johr gedauert hot.

Jetzert, seit mehr als verzich Johr – wie des im Lewe so spielt – bin ich mit Gerda verheirat. Manchmol denk ich an die Worte zurück, die sie mir bei unserm spätere Treffe g'stanne hot: "Mit dem gehen mir nit fort, der is jo sowieso klääner wie mir. Den losse mer äfach mol am Bahnhof waate. Mir fahren en Bus früher unn gehen nuff uff die Welsch-Terasse spaziere".

Ob es domols zwische de Gerda unn mir „gfunkt" hätt, nochdem ich so lang uff se gewaat hab, steht in de Sterne. Ich bin allerdings immer noch klääner, wie sie unn trotzdem begleit se mich schunn Johrzehnte uff unserm gemeinsame Lebensweech!

Unnerwegs

Häämweh?

Ich sitz grad vorm offene Kamin unn guck zu, wie die Torfballe so schää abbrennen. Drauß is es schun ä bissl dunkl unn moi Gedanke schweifen zurick in die Zeit, wu ich noch in de Palz dehäm war. Ach ja – ich hett's jo fascht vergesse zu saache, dass ich im Hans soi ehemalischie Ledderhos bin.

Sellemols hot mich in Speyer em Hans soi Mudder fer ihrn Bu gekaaft – mich, ä schäänie, glattie, schwarzie Ledderhos!

De Hans hot mich arich gern a'gezoche, ach domols in de Waldschul. Do hot der sich doch tatsächlich uff en harziche Baamstamm g'setzt. So isses dann bassiert, dass ich am Hosebode nimmie wääch war, sondern an de Sitzfläch ä bissl hartes Ledder gekriegt hab.

De Hans hot dort de Ludwich kenne gelernt unn sich mit ihm a'gfreundt. De Ludwich hot nämlich wunnerschäne Schiffe aus Balserholz gebaschtelt. Des hot den Hans a a'gereecht, ä Schiff, ä Seechelschiff, zu baue. Des war wohl net so schää wie die Schiffe vum Ludwich, awwer stabil aus emme Balkestück, so etwa dreißich Zentimeter lang. An dem Mascht war ä Seechel befeschticht unn der Kiel aus Blech hot dem Schiff ä stabilie Laach gewwe.

Nochdem die zwää Buwe öfter zusamme g´spielt hänn, wollten se des Schiff im „Neie Hafe" ach mol schwimme losse. En klääner Windstoß hot gelangt, dass des Schiff mit dem große Seechel reisaus genumme hot. Des Spielzeich war net mit ´re Schnur g´sichert unn is – gottlob – net in de Rhoistrom, sondern in de Hafe getriwwe worre.

Klääner vun denne Buwe hot ä Badehos debei g´hat. Uff ämol sähn ich, wie sich de Ludwich splitternakkich auszieht unn ruft: „Hans, zieh schnell doi Ledderhos aus, ich zieh se a´, hups ins Wasser unn schwimm im Hafebecke dem Schiff nooch, fer des zurickzuhole." „Hilfe. Hilfe" hab ich gekrische, „ich kann doch net schwimme, bin dochwasserschei unn hab Angscht ich versauf."

Awwer den Notruf vun so ennere schääne, glatte, schwarze Ledderhos hot känner g´heert. So bin ich halt nooch enre Weil klitschnass nooch dere Baderei u´versehrt unn wohlbehalte devu kumme.

Dehäm hot mich dann, weil ich noch ziemlich feicht war, de Hans im Keller in de Weschkich zum Trickle uffg´hängt. Wie ich widder trucke war, hab ich feschtgschdellt, dass moin Hosebode widder so wääch wie frieher war.

Johre speeter is de Hans, mit de Padfinder ins Zeltlacher nooch Schottland gerääst. Im Vorfeld hot er erfahre, dass dort manchmol die Schotte mitunner Ledderhose geche ihrn Rock, den Kilt, dausche deeten unn hot mich äfach in soin Koffer mit oigepackt.

Während dem Zeltlaacherufenthalt hot er versucht, mich geche en Kilt zu dausche. Am letschde Daach vun dem Camp hot's dann doch noch geklappt. Soim Padfinder-Kamerad, em Kevin, hab ich dann – Gott sei Dank – gebasst, wie a'gegosse. Uff die Art hab ich dann mein B'sitzer gewechselt unn bin in Schottland gebliwwe.

Mich hot dann speeter de Kevin seim Sohn, unn der ach widder seim Sohn weiter vermacht.

Seit der Auswannerung bin ich jetzert halt in Schottland unn hab festg'schtellt, dass des dort genau so liewe Leit, wie die Pälzer sinn unn ach en guter Dorscht hänn.

Awwer ins Harz hot sich do känner mehr mit mer g'setzt unn bade gehe hab ich seit der Zeit ach nimmie gemisst.

Wasser gibt's do howwe jo in dem Schottland eichentlich ach genuuch unn zu emme große See saache die äfach „Loch". In emme vun denne „Lochs „ wär sogar ä U'geheier drin. So ebbes hänn mir jo in de Palz in Forscht ach g'hatt.

Ä paar Bickl, wu mer do Heiländs nennt, sinn ä bissl annerschter wie des Haardtgebärch, awwer trotzdem schää.
Die Frooch, was die Schotte unnerm Kilt traachen is inzwische ach gekläärt – ä Unnerhos nadierlich!

Ich hab mer schun oft iwwerleecht, ob sich der Hans vielleicht doch alsmol froocht, ob ich in dem ferne Schottland eventuell ä bissl Häämweh hawwe kännt? Des wääs allerdings de Deiwl. Awwer so e bissl Häämweh hab ich schunn, deet ich als schäänie, glattie, schwarzie Ledderhos saache!

Beim Dichterwettbewerb der kleinen Form 2018 des Literarischen Vereins der Pfalz e. V. erhielt ich für diesen Prosatext den dritten Preis. Nachstehende Laudatio hielt die bekannte und geschätzte Autorin Henrike Supiran aus Römerberg.

Laudatio für Heinz Ludwig Wüst, 3.Preis für Prosa
Zum 140jährigen Jubiläum des Literarischen Vereins
Rheinland-Pfalz

In seinen Büchern schreibt Heinz Wüst über Dinge und Situationen,
die jeder kennt, in Reimen oder Prosa, Alltägliches und
Berührendes. Als waschechter Pfälzer schreibt er so wie ihm der
Schnawwel gewachse is.

Heute ehren wir Heinz Wüst für seine Geschichte „Hämweh" in der
er eine Lederhose aus ihrem Leben erzählen lässt. Diese Hose steht
im Mittelpunkt und bleibt es auch über drei Generationen hinweg.
Was für ein gelungener Kunstgriff! – ungewöhnlich und anrührend:
eine Lederhose, die erfährt, was Heimweh bedeutet. Gleichzeitig
aber, sie ist ja nur eine Hose, schafft sie eine Distanz zum Leser, die
keine Rührseligkeit aufkommen lässt, sie ist einfach was sie ist,
ganz gleich wo sie ist und wer sie trägt, über Jahrzehnte.

Manche unter uns, die ihre Heimat verlassen mussten, wünschen
sich vielleicht die Fähigkeit, die Sehnsucht oder ihren Schmerz über
den Verlust ihrer Heimat mit mehr Distanz tragen zu können , so
wie diese Lederhose.

Danke, Heinz Wüst

Literarische Stadtspaziergänge

Beim Treffe vun denne „Worthelde" ä Landauer Sekzion vum „Literarische Verein der Palz" is die Idee uffkumme en Stadtschbaziergang zu mache unn Eidrick zu sammle, die mer dann öffentlich vorlesen. Des hot so viel Spass gemacht, dass mer des jetzert öfters machen.

Was bisher debei vun mir entstanne is zeigen folgende Beiträg:

U´bekannte, nix wie U´bekannte

Um halwer Fünfe hot mich heit Morge des Vochlgezwitscher unn mei Bloos geweckt. Als ich mich nooch dem Toilettegang widder uff die Couch gelegt hab, bin ich ach nimmie glei eig´schloofe. Ja, ja aus´m eheliche Schloofzimmer bin ich heit Nacht ausquartiert worre. Nit weil ich etwa bees zu meinere Fraa gewest wär – iwwerhaupt net –. ´s Emilche, unser Enkelin, die Schinoos, wollt u´bedingt bei de Oma schloofe! Unn fer mich wär do werklich kän Platz in dem Bett gewest, denn es war do der plüschene Seehund unn noch ä Paar Bubbe debei wu mitgenächtigt hän. Außerdem war do noch ä Zahnfee unnerwegs, die dem Emilche ebbes Klänes bringe wollt, weil se ihrn erschde Zah verlore hot.

Die hätt sich bstimmt ach noch ins Bett gelecht, wann se müd gewest wär.

Wie ich dann so schlooflos dolieg, hab ich mer iwwerlegt, wie des wohl heit so ablaafe deet mit dem literarische Stadtspaziergang. Ich bin g´spannt, wellie Kart´ ich hiegelegt krieg, wu druff steht in wellem Stadtbezirk ich Eidrück sammle unn niederschreiwe deet. Uff ämol bin ich doch noch ä bissl eigenickt.

Korz nooch 13 Uhr war´s dann so weit! Weißquartierstrooß, Martin-Luther-Strooß unn Ostpark war druff g´stanne uff dem visitekartegroße Zettel.

„Alla gut", hab ich gedenkt, des is jo alles in de Näh vum CulturKantina, dem goldiche Bistro, mit dere liewevolle badische Chefin Claudia. Vielleicht treff ich bei meim Spaziergang do ä paar Bekannte, mit denne ich bissl verzehle kann, damit ich ebbes uffzuschreiwe hab.

Jetzert bin ich doch schunn iwwer 45 Johr do in de Südpalz, do misst mer do b´stimmt ens treffe, wu mer kennt!
Peifedeckl – nix war – net ämol de „Hännsefuchzichcent fermich-Bettler" is mer in die Quer kumme. Der traacht nämlich immer ä Plastikdutt mit

sich rum, wu mer awwer net so genau wääß, ob der do die eig´sammelte Fuchzicher drin hot.

Awwer lauter alte unn junge, studierende, tätowierte unn u´tätowierte, bärtiche unn glattrasierte, blonde, brünette, schwarhoorische unn g´färbte, weiß- unn dunkelheitische U´bekannte hab ich getroffe! Selbscht der Schwan mit seine Schnatterente im Kielwasser im Schwaneweiher, der war mir gar nimmie bekannt!
„Jetzert langt mer´s awwer", hab ich mer gedenkt, hab mich am Strooßecafe zu emme Cappucino unn enre Schneckenudl hieg´setzt unn a´gfange zu schreiwe. Newer mir am Nochberdisch waren zwä Päärle g´sesse, die sich nord-, siedbadisch unn schwäbisch unnerhalte hänn unn denne hab ich zug´heert, was die zu verzehle g´hatt hänn.

Wann ich mir´s recht iwwerleech, war´s doch en schääner Noochmiddach unn ´s war wesentlich besser so viel U´bekannte zu treffe als en u´sympatischer Bekannter!

Saach mir, wu die Weihnacht is!

Sunneschei unn ä Wetter, wie zum Götterzeuche
– unn des am Samsdaach vorm dritte Advent!

In de Gerwergass treten sich die Leit fascht doot.
Was die wohl suchen? Wollen die ach wisse, wu
die Weihnachte is – so wie ich?
Ich kumm grad an emme Parfümlade vorbei.
„Mensch", denk ich mir, „do kännt ich jo mol nei
gehe unn gucke, ob dort die Weihnachte is". An
de Kass steht ä Schlang voller Leit, die ihr Weih-
nachtsgratifikazion in die Deitsch Wirtschaft
widder ei´fließe losse wollen.
Unn rieche dut´s do. Weichnachtlich? Jetzt will
ich doch mol vun dem Herreparfiem ä Prowie-
rerle teschde unn spritz mer en klääner Strahl uff
de Handricke. Uff ämol kummt ä hübschie Ver-
käuferin uff mich zu unn froocht mich, ob se mer
was helfe kann. „Kennen Sie mir saache, wu die
Weihnachte is?" hab ich se g´froocht.
„Weihnachte is die nächscht Woch", hot se mir
geantwort. ´s dauert ach net lang, do kummt ä
annerie Verkäuferin uff mich zu. „Kann ich Ihne
helfe?" froocht die mich ach widder unn do hab
ich nochemol die gleich Frooch g´stellt.
„Weihnachte is iwwerall", hab ich dann zu höre

kriegt. Irgendwie wisst ich´s jo jetzt, awwer irgend-
wie geb ich doch kä Ruh.

Mitte in de Fußgängerzon seh ich uff ämol ä jun-
gie Fraa, die 20%-Gutschei vum „Klamotte-An-
ton" (C & A) verdäält. Doch uff mei Frooch nooch
Weihnachte, hot se mer ach kä Antwort gewwe
känne.
Ja saach emol, wer macht dann do Musik geche-
niwwer vun de „Nordsee"? Den kenn ich doch,
des is doch der bekannte Strooßemusiker als „Ä-
Mann-Miniorchester". Was singt dann der jetzt
grad Weihnachtliches? De „Ring of Fire". Des basst
mit dem Feier eichentlich gar net schlecht bei dem
schääne kalte Wetter. Nochdem ich ach ihm mei
Frooch g´stellt hab, määnt er: „Vielleicht versteckt
sich ach die Antwort in meinere Musik in gewisse
Tön, die net jeder hiekriegt!"
Ä paar Schritt weiter seh ich widder ä fascht zwää
Meter großie, blondie Weiblichkeit, die ach vun
denne 20%-Gutschei verdäält. Uff mei allbekann-
tie Frooch gibt´s do ach kä rechtie Auskunft. Wie
ich jedoch noochfrooch, ob´s bei zwää sofer Gut-
schei 40 % Rabatt Noochlass gibt, hot se doch ver-
neint.

Weiter geht mein Spaziergang Richtung C & A. An de Ei´gangsdeer stehen zwää weibliche Engel. Die Schwarzhoorisch hot ä Bimml in de ände Hand unn ä großes Schild in de annere Hand.

Awwer uff mei Frooch gab´s kä befriedigendie Antwort unn sie hot mich an ihr blondie Kollechin verwiese. „Weihnachte is iwwerall" hot die gemäänt unn jetzt hab ich´s werklich gewisst. Ich bedank mich bei denne hibsche Himmelsbote unn saach, sie sollen dem liewe Petrus do owwe ä Dankeschää fer des wunnerbare Wetter ausrichte.

Wie ich jetzert noch die Sabine unn die Christina frooch, die mir grad iwwer de Weech laafen, häßt´s blooß: „kä Ahnung!"

Jetzt werd´s ruhicher uff de Strooß. An de Stiftskerch vorbei gibt´s ach kä Antwort, denn dort is des schmiedeeiserne Gitter zu!

Iwwer des holbriche Plaschter fiehrt mich mein Weech ins „Barock" am Owwerdoorplatz. Dort du ich bei emme weihnachtliche Crepes mit Zimt unn Zucker unn ennere Tass Cappuccino mei Erlebnisse vun dem Landauer literarische Standtrundgang 2017 ins Reine Schreiwe.

April, April!

„Ich geb´s jo zu, Herr Vorsitzender, ich g´steh alles! Awwer – awwer do, die Birgit, die is net schuld, die Birgit sie is werklich u´schuldich"!
Totenstille im Gerichtssaal.
Der Staatsanwalt blättert in seinem Gesetzbuch.
Nein, er kann nichts finden was auch nur im Geringsten zu einer Anklage führen könnte in diesem, nicht einfachen Vorfall.
Stille – nichts als Totenstille. Urplötzlich dröhnt: „Herzilein, du must nicht traurig sein" von den Wildecker Herzbuben aus dem Lautsprecher meines Radioweckers. Nun bin ich hellwach. Ja, ich gestehe es, ich war es, der Birgit zu dem Motto „April, April" für den nächsten literarischen Stadtspaziergang geraten hat und Birgit ist darauf eingegangen …und der Albtraum von der Gerichtsverhandlung war nun mal ein unbeabsichtigter April-April-Scherz.

Samstag, der 7. April 2018 steht vor der Tür und von Aprilwetter ist gar nicht die Rede. Aprilwetter müsste doch anders aussehen, so mit Hagelkörnern und Sturm, einer Hitze von über 30 ° Celsius und furchtbaren Wärmewechselsituationen.
Sogar beim Wetter wird man reingelegt!

Nun wird´s spannend! Wir „Worthelden" und „Wortheldinen" treffen uns, wie bisher auch im Bistro „Cultur-Kantina" in Landau.
Birgit lässt jeden von uns ein Kärtchen ziehen, aus dem ersichtlich wird, wohin der Weg führen sollte. „Königsstraße" steht auf meinem Zettel und ich mache mich auf den Weg, um zu dem vorgegebenen Thema etwas zu erfahren. Vielleicht frage ich mal einige Passanten, ob sie vielleicht irgendwann am ersten April reingelegt worden sind. Nein – nicht jeder ist so bereitwillig zu diesem Thema eine Antwort zu geben. Dort, wo die offen gelgte Queich am Zielpunkt des Entenrennens ihre schöne Seite zeigt, sitzt ein Mann einsam auf einer glänzend schwarzen Metallbank. „Derf ich mich ä bissl zu Ihne setze?" frage ich ihn. „Nadierlich" kriege ich zur Antwort. „Setzen se sich ruhich do hie bis mei Fraa kummt". „Derf ich se mol ebbes frooche?" hab ich ihn weiter angesprochen. „Ich bin ä bissl in ennre Zwangslaach, ich will nämlich ä Gschicht iwwer Begeweheite schreiwe, wie zum Beispiel wu jemand am erschde April in de April gschickt worre is, können Sie mer do helfe?" Ganz überrascht erzählt er mir zwei Begebenheiten, die allerdings schon sehr lange zurück liegen. „ich hääß Kurt", stellt er sich vor, „bin 1951 uff die Welt kumme

unn hab in de 60er Johre in de Glühlampefabrik in Annweiler es Schlosserhandwerk gelernt. Als Lehr-bu hab ich do immer in dem net weit vun dere Fabrik gelechene Lewensmittlgschäft fer die Arweiter Zeitunge, Weck unn Worscht eikaafe misse. 's war amme erschde April, unn do hot mer mein Vorarweiter g'saacht, das ich'm heit noch ä Päckl Owidum mitbringe soll. Unn weil ich immer schää gemacht hab, was ich gsaacht krich, hab ich bei der Verkaiferin ach so ä Päckl bstellt. „Bu", hot se zu mer gsaacht, „heit is doch de erschte April unn die wollten dich mol richdich veräpple".

Nach kurzer Pause fährt er mit seiner Erzählung fort: „Ach ja, do fallt mer noch ebbes ei! In de siebzischer Johre, wie do ä Zwischespiel vum FCK uff de Tapet gstanne is, war in de Zeitung gstanne, dass jeder, der wu en Spaate uff de Annweiler Sportblatz mitbringe deet, en klääner Obolus bekäm. Unn es waren doch tatsächlich ä paar Bereitwillige in Annweiler, die wu sich dort zum Rumspaate eigfunne hänn. Am nägschte Daach war des dann ach widder in de Zeitung gstanne, dass des blooß en Aprilscherz gewest wär".

Inzwischen ist auch die Gattin von dem Kurt eingetroffen mit einer Eiswaffel in der Hand und hat erzählt, wo es die größten Eisbällchen zu kaufen gäbe.

Ach ja, was mir noch aufgefallen ist: auf einem Hinweisschild für einen Parkautomaten in der Königsstraße war von dem „Landauer Plakatklebermann die Aufschrift überklebt.
Wenn man sich überlegt, dass dieser Schmierfink kurz nach seiner gerichtlichen Verurteilung wieder sein Unwesen getrieben hat. Das war sicher kein schlechter Aprilscherz!

Nach weiteren fruchtlosen Auskünften von umher eilenden Passanten habe ich mich mit Frigga in einem Eiscafe an einem schattigen Platz zum Schreiben niedergelassen.

Im Nachhinein bin ich doch mit Petrus zufrieden gewesen, dass er mir trotz unkenhaften Äußerungen das schönste Aprilwetter geschenkt hat, das man sich nur vorstellen kann.

Schnellzuuch noch Paris

Es war emol – unn des is sicherlich kää Märche – es war emol in ennere Zeit, in der en elektronischer Tascherechner noch so um die 250 D-Mark gekoscht hot. Ich war grad` debei im fünfte Semeschder in Karlsruh Heizungs- unn Sanitärtechnik zu studiere. Anfangs hawwen mir die Multiplikazione mit emme Rechenschiewer gemacht unn die Addizione so, wie mers in de Volksschul gelernt hot. Wie dann die erschde Tascherechner uff de Markt kumme sinn, war des schunn ä großie Erleichterung, awwer ´s war fer so ä kläänes Rechnerle, des so groß wie ä Zigaretteschachtel war, ä langie Lieferzeit in Kauf zu nemme.

De Udo aus Ingehäm unn ich aus Gleisweiler waren zu dem Zeitpunkt in de gleiche Klass´ unn sinn ach zusamme mit de Bundesbahn in d´ Schul g´fahre.
Meischdens hänn mir um korz noch dreizeh Uhr Unnerricht ausg´hatt, sinn dann mit de Strooßebahn vum Durlacher Door zum Bahnhof g´fahre unn um verzehuhru´grad mit de Bahn iwwer de Rhei in Richtung Landau gerääst.

Es war an emme kalte Winterdaach, ich wääß es
noch, wie wann's geschdern gewesst wär. Im
Unnerricht sinn Stunne ausg'falle unn mir hänn
frieher häm gederft.
Am Bahnhof hab ich mei Fraa dehääm a'gerufe,
awwer vun de Telefonzell aus. Vun emme Händy
hot mer jo domols noch nix gewisst. „Gertrud, mir
kummen heit en Zuuch frieher hääm", hab ich 're
in de Hörer verzehlt.
Eichentlich hätt' der Zuuch jo schunn korz nooch
de Elfe abfahre solle. An dem Bahnsteich war
awwer känner zu sehe. G'frore hot jeder vun uns
wie'n Aff, dass es kaum auszuhalte war. Unn als
widder is die Durchsaach kumme, dass der Zuuch
Verschbetung hot.
Fer in die Bahnhofswertschaft ins Warme zu ge-
he, hänn mir uns awwer ach net getraut, weil mer
jo net genau gewisst hänn, ob mer net den Zuuch
verbassen. Also hänn mir gewaat unn gebibbert
unn gebibbert.
Nooch ennere g'schlachene Stunn, war's dann so
weit. Er is langsam eingerollt, der Zuuch, vun dem
mir uns ä warmes Plätzl verschbroche hänn.
Nix wie dabber nei ins nächscht beschde Atbteil,
hieg'setzt unn 's hot ach gar net lang gedauert,
do is der schunn a'gerollt.

„Endlich" hänn mir uns gedenkt unn die Wärm´
hot uns richtich gut gedue.

Wie mir awwer nooch enre Weil beim Fenschder-
nausgucke gemerkt hänn, dass des awwer heit
annerscht draus aussieht, wie sunscht, wammer
hääm g´fahre sinn, do sinn uns doch Zweifel uff-
kumme.

Es hot ach gar net lang gedauert, do is de Schaffner
zum Fahrkaatekontrolliere in unser Abteil kumme
unn hot uns uffgeklärt: „Mir fahren grad im Eilzuuch
nooch Paris, der jedoch nett in Rastatt halte deet
unn mir müssten in Baaden-Oos ausssteiche". Dass
mir jo kä Schwarzfahrer sinn, hot er jo an unsere
Monatskaate g´sehe.

Was war do eichentlich bassiert? Der lange Zuuch
is in Karlsruh getrennt worre. Die änd Hälft fer in
Richtung Landau, die anner Hälft fer nooch Paris.
Mir sinn dummerweis dann im letschte Waache
geland`t, der nooch Frankreich vorg`sehe war.

„Gertrud, mir sinn jetzt halt in Baden-Oos geland`t
unn ich kumm, genau so schbeet hääm, wie sunscht
ach", hab ich vum Telefonhaisl aus dehääm B`scheid
gsaacht.

Mit dem nägscht beschte Zuuch sinn mir dann wid-
der nooch Karlsruh g´fahre unn hänn ach dem zu-
stännische Schaffner glei verzehlt, was uns bassiert is.

Fer die u`gewollt Spazierfahrt hänn mir awwer
net noch zusätzlich Geld bezahle misse.
Beim Umsteiche in Karlsruh hänn mir dann ach
sofort de A` schlusszuuch fer in die Palz erwischt
unn sinn uhne Wartezeite gut akumme.

Inzwische hot sich jo viel geännert. Die Tasche-
rechner koschden heit blooß noch en Bruchdääl
vun dem, was ich domols bezahlt hab. Die Waate-
zeit bei de Deitsche Bahn unn Verschbäätunge,
die sinn allerdings gebliwwe!

HLW

Grenzenlos?

Überwinde Grenzen,
überschreite Kompetenzen,
erhalte mit Asche die Glut!

Überwinde Grenzen,
schau auf Konsequenzen,
sei auf der Hut!

Überwinde Grenzen,
lass´ den Fortschritt glänzen,
Mensch, mache es gut!

Eichentlich

Eichentlich wollt ich dich b´suche,
wollt wisse, wie dir´s geht,
hab lang dich nimmie g´sehe,
wollt wisse, wie es um dich steht.

Eichtlich wollt ich dich b´suche,
leider ging des in die Hos´
dehääm war laufend, wie so oft,
widder mol de Deiwl los.

Eichtlich wollt ich dich b´suche,
war verkelt an alle Ecke
hab befürcht, bei em Besuch
dich ach noch a´zustecke.

Eichtlich wollt ich dich b´suche,
doch du hoscht in letschter Nacht,
unn jetzert isses schunn zu spät,
dein letschter Atemzuuch gemacht.

Adschee Schorsch

Sie hot mer´s verzehlt,
widder unn immer widder
– mei Großmudder :
„´s war 1914,
ich war grad 16 Johr alt
unn in Speyer in Dienschte bei ´re Bäckerei.
Weck hab ich als austraache misse
– ganz frieh morschens –
Ich seh´s noch vor mer,
des Rechiment Soldate,
wu ammer vorbei marschiert is
zum Verlaade,
vorbei in Richtung Bahof.
Ich sähn mein Brurer
mit emmeTornischter uff´m Buckl
unn´s Gewehr gschultert.
„Adschee Schorsch",
hab ich´m noochgerufe
„Adschee Schorsch"!

Mein allerletschter Gruß!

Mit diesem Beitrag belegte ich beim 31. Mundart-Wettbewerb
Dannstadter Höhe 2018 den 8. Platz in der Kategorie Dichtung
in Mundart

138

Letzte Träne

das Letzte,

was man dir schenken kann,

ist eine Träne

ob von Frau oder Mann.

Ein Tropfen

in dem Taschentuch,

ein Stück Herzblut,

ein letzter Versuch

dir nachzurufen

mit diesem Gedicht,

doch vergessen,

das kann man dich nicht!

Uff'm Friedwald

En Friedhof is, 's wääß jedes Kind
dort, wu sei letschdi Ruh mer find!
Dort isch's, wu's irdisch Lewe
nooch all dem viele Strewe
de Mensch derf schloofe, ganz in Ruh
unn wu der Deckel immer zu!

En Friedhof, des is ach en Platz,
wu mer sein heißgeliebte Schatz
der, wie's de Herrgott hot beschlosse,
beklaacht, dass er em schun verlosse.

En Friedhof, der fascht wie en Gaade
mit Blume g'schmückt, net mit Tomate,
en Ort is, wu mer dann unn wann
mit annre Schwätzcher halte kann.

's gibt ach en Friedhof, den mer kennt,
der sich ewe Friedwald nennt!
Do hot mer ach kä Grab zu pfleche;
do hänn die Erwe nix degeche!

Unterm Kirschbaum

Schau, dort in der Erde

unter dem Kirschbaum

ruht meine Asche!

Wenn er erblüht

und dem lieben Gott dankt,

lächelt er dich an,

wenn du mich besuchst!

Viergieße keine Träne,

denke an mich

und

erwiedere sein Lächeln!

Uhne Briefmark

In de Großmudder ehre Kommod, die, wu mer
domols geerbt hänn, in de unnerschde Schublad,
do lichen se – gebindelt unn saiwerlich gschtablt
– die viele Briefe, wu domols mein Vadder seine-
re Verlobte, meinere Mudder, gschriwwe hot!

´s hot lang gedauert, bis ich mich iwwerhaupt mol
getraut hab, die ergraute Brief zu lese – die, die in
de erschde Kriegsjohre des rießiche Russland ver-
losse hänn.
Brief sinn´s mit viele Ausrufezeiche,
Froochezeiche unn Gedankestrich.
Brief voller Ångscht, Hoffnung, Häämweh unn
Sehnsucht.
Brief, die vum Elend, Verzicht unn Verzweiflung,
vun Schitzegräwe, vun Verwundunge unn Dood
verzehlt hänn.
Brief, die sich fer ä Päckl bedankt hänn, wu Gutes
aus dere geliebte Palz auszupacke unn mit annere
Kamerade zu genieße war.
Brief, wu em des Dehääm widder vor Aache
gfiehrt hänn.

Im Summer 1950 hab ich ´s erschde Mol es Licht der Palz erblickt unn jetzert schreiwe mer schunn ´s Johr 2018.

Unserm liewe Herrgot dank ich defor, das ich nie in die Situazion kumme bin sofer Brief zu schreiwe, die wu kä Briefmark brauchen unn uff denne des Wort „Feldpost" eigedruckt war. Hoffentlich werd des ach unsere Kinner unn Enklkinner erspart bleiwe.

...awwer en handgschriwwener Brief kännt mer doch ach ämol widder an en liewe Mitmensch schreiwe – änner, uff dem ä schäänie buntie Briefmark uff dem Umschlaach zu finne is!

Deetschtmermol

Bischt du en Mensch, wu ziemlich fleißich,
so iwwerr odder unner Dreißich,
du bischt noch fit unn fiehlscht dich wohl
bischt froh, wann d´hoscht en Deetschtmermol.

Deetsch mer mol glei Weck eikaafe,
dabber in die Stadt neilaafe
unn deetscht mer mol ach net vergesse
paar Eier fer zum Middaachesse.

Deetscht mer mol, wann d´ Blumme sprieße
ach noch schnell es Gärtl gieße?
Deetscht mer mol, ich wär zufriede,
sunndaachs ach die Kinner hiete?

Deetscht mer mol die Gass schnell kehre,
de Abfallämer wär zu leere.
Deetscht mer mol dehääm heit bleiwe
um mir de Buckl eizureiwe?

Es kummt der Daach, so schicksalsschwer
do geht´s beim Deetschtmermol net mehr.
der licht im Bett, fiehlt sich net wohl,
braucht selwer dann en Deetschtmermol

Deetscht mer mol noch Pille hole,
d´Fieß verbinne an de Sohle?
Deetscht mer ´s Middaachesse koche:
Rindflääschsupp mit viel Markknoche?

Deetscht mer jetzert ´s Bett noch mache
unn so manche annre Sache?
Deetscht mich naus mit ´m Rollstuhl fahre,
wie ich dei Kinnerscheeß vor Jahre?

Deetscht mich streichle, wann zum Schluss
ich die Welt verlosse muss?

per Saldo?

En Saldo is uff dere Welt
zumindeschdens emol beim Geld
fer den, der Buchhaltung betreibt
zu sehe, was noch iwwrich bleibt!

Es Konto – ´s wissens viele Leit –
hot Soll- unn ach ä Habenseit!
Im Soll do werd eneigeschriwwe,
des Geld, des wu mer ei´getriwwe!
Im Haben allerdings do steht,
des Geld, wu aus de Kass raus geht.

Wann ich mer´s Lewe so betracht,
was Gutes mer unn Beeses macht
is do vielleicht im Himmel drowe
dann so ä Konto uffgehowe,
wu alles werklich uffnotiert,
was mer im Lewe so vollfiehrt?
Is bei de brave liewe Leit
de Saldo uff de Habenseit?
Unn links im Soll mer wie verrickt
de Bosheitssaldo glei erblickt?

Mer wääß halt net, wie des ach sei,
sitzscht schbeeter in de letschde Reih,
weil unsern himmlisch liewe Gott
per Saldo stets notiert sich hot
die Sache die furchtbar vermesse,
die mir inzwische längscht vergesse?

146

Nix wie Uffreechunge

Alle Johre widder, wann die Weihnachtsfeier-
daache unn´s Neijohr vorbei sinn, steht en
Doktertermin in meim Kalender. Des geht jetzert
schunn johrelang so, seit ich an de Schilddrüs
operiert worre bin unn seit ich in dem „Strah-
lebunker" war, wu die Drüs, die wu eichentlich
gar net mit mer schilt, verklännert worre is.

Normalerweis fahren mir, mei Fraa unn ich, mit´m
Auto in die Großstadt in die Klinik zur Kontroll zu
dem nuklearmedizinische Dokter. Des Johr is es
awwer bissl annerscht, weche dere „Friderike".
Im Radio hänn se schunn devor gewarnt, dass die
ä bissl viel U´heil a´richte tue deet, die „Frederi-
ke", des Orkantief.
„Fraa", hab ich g´saacht, „määnscht net, mer
sollten desmol mit de Bah´ in die Großstadt zum
Schilddrüsedokter fahre ?" Des war ihre genau so
recht!
Weil ich am Daach devor in unserer Provinzstadt
zu tue g´habt hab, is mir in de Sinn kumme, dass
ich owends noch glei die Fahrkaat kaafe kännt, ä
Fahrkaat, wu mer fer´s selwe Geld Bah´ unn ach
Stroßebah´ fahre dürft.
Jetzert steh ich vor dem große rote Deiwelskasch-
de, dem Ticketautomat am Bah´hof, drück an
denne Taschte rum, geb´s Datum ei, fer den
nächschde Dach unn zahl mit de Scheckkaat.

Ä paar seltsame Geräusche – unn schunn kummt die Fahrkaat unne raus!

Mich laust de Aff, do steht jo ä Giltichkeitsdatum vun heit druff unn ich will doch erscht morge fahre! Dann mach ich noch ämol en weiterer Versuch unn mir gelingt´s net des Ticket fer 29,90 Euro fer de nägschde Daach aus dem Automat zu zauwere. De Fahrkaadeschalter im Ba´hofsgebeide hot schunn gschlosse. Also bleibt mer nix anneres iwwrich, wie am nägschde Morge ab halwer Siwwene beim Servicecenter vun dem Nohverkehrsverbund a´zurufe.

Erscht kummt ä Sprechplatt unn määnt, mer soll´s später noch emol prowiere.

Am dreivertl Siwwene hot sich dann doch ä Frauestimm gemeldt. Dere hab ich mei Missgschick erklärt unn wollt wisse, wie ich mei zuviel gezahltes Geld widder zurück kriege deet. „Fer die Sort Regio-Kaad männen se des Geld nimmie zurück kriege", hot se gemäänt. „Stellen se sich mol vor", hab ich ´re geantwort, „fer fascht neunzich Euro wär des ä deirie Fahrt in die Großstadt"! „Do hätten se awwer a mit´m Taxi fahre känne", hot se geläschtert unn dodezu noch dreckich gelacht, die Büroschneck.

Des hot mein Blutdruck am friehe Morge ruckartich hochgetriwwe unn ´s is mer in de Maache g´fahre, dass mer ´s Friehstick gar nimmie g´schmeckt hot.

Also hänn mir uns ä bissl frieher uff de Weech zu dem Provinzbahnhof gemacht unn am Schalter hot mer en freundlicher Bah´beamter ä viel günschticherie Fahrkaat verkaaft sowie des zuviel gezahlte Geld zurück erstatt!
So sinn mir dann ganz entspannt unn beruhicht zu unserm nette Schilddriesedokter in die Klinik g´fahre, was in de Regel ä a´genehmes Erlebnis is. Unn hinnenoch gehen mer noch als gemütlich en Kaffee trinke.

Im Sevicecenter vun dem Nohverkehrsverbund in dere Großstadt sinn mir jedoch noch vorher am Ba´hof vorbei gange. Hinnerm Schalter steht ä weiblichie Auskunft gewwe wollendie Person unn froocht: „Was wünschet Se bitte?" „Hänn sie um siwwe Uhr heit morge schunn Dienscht ghabt?" war mei Frooch. „Warum" wollt die nohver kehrs-betriebea´gstellte Person hinner ihrm Trese wisse. „Ich wollt mer blooß mol die Kolleechin a´-gucke, die mir heit morge mein Blutdruck uff 180 hochgetriwwe hot, weil se net fähich war mich zu informiere, wie ich des zuviel gezahlte Geld zu-rück erstattet krieg unn die do driwwer noch so saubleed gelacht hot.
Nix wie Uffrechunge, blooß weil ich des mit dem iwwerzwerge Fahrkaadeautomat net so hie ge-brocht hab, wie ich des ach gewollt hab"!

Odder ach fünfe

Schade, dass es net öfter im Johr Weihnachte is. Net etwa weche denne viele Gschenke, wu mer do als kriecht – nää ´s is weche dem wunderbare braune Spekulaziusgebäck, wu´s in de Geschäfte ach schun in de Adventszeit zu kaafe gibt.

Unnerm Johr fahren mir als ins Rheinland und machen en Abstecher iwwer die Grenz nooch Venlo in Holland. Do is immer fer mich Weihnachte, denn do gibt´s ´s ganze Johr Spekulazius zu kaafe.

Unsern ältschter Sohn, der wohnt mit seiner Familie nämlich gar net weit weg vun de Holländische Grenz. Unn wie mir ´s letschde Mol dort zu B´such waren hot mei Schwicherdochter mei Fraa g´froocht, was ich mir uff de Geburtsdaach winsche deet. Ich will noch erwähne, dass ich mitte im Summer, A´fang Auguscht Geburtsdaach hab.
Wie se mir des dehääm verzehlt hot, hab ich mir so mei Gedanke gemacht.
Eichentlich hab ich jo fascht alles was ich brauch.
Krawatte ziech ich fascht känni ä, Rasierwasser unn Deo hab ich ach noch genuuch vum letschde Johr unn zum A´zieche hab ich ach alles was ich brauch.

Noochdem ich mir hie unn her iwwerleecht hab, was ich mir winsche kännt, do is mer in de Sinn kumme, dass drei Päckelscher Spekulazius aus Holland es schänschde Geburtsdaachsg´schenk wär. Außerdem – so deier wär des jo ach net.

Insgeheim muss ich saache – fünf Päckelscher wären ach net zu verachte, denn vum 4. Auguscht bis Weihnachte sinn´s jo schließlich noch 142 Daach!

Derf mer dann des?

Letscht ware mer eikaafe und wie des so üblich is, sinn do zwää Suppermärkt gecheniwwer, halt blooß durch ä Strooß getrennt.
Weil ich jo kä Schleichwerwung mache will, nenn ich äfach mol de ääne Alfredl unn de annre Linuxl.

Beim Alfredl hään mir grad uff em schattische Parkplatz g´halte, hänn en Eikaafswache aus´m Carport g´holt und hänn unser Zeich b´sorcht.
Wie mer des in de Kofferraum eigelade g´hatt hänn, is meine Fraa eig´falle, dass se jo noch ebbes beim Linuxl eikaafe wollt, wu´s beim Alfredl

halt net gibt. Ich hab mir gedenkt. „Des Auto kännt ich do an dem schääne schattiche Plätzl stehe losse unn mit dem Eikaafswache vum Alfredl iwwer die Strooß gehe unn domit beim Linuxl die annere Lewensmittel b´sorche". Wie ich des meinere Fraa vorg´schlache hab, hot se des strickt abgelähnt.

Jetzert frooch ich mich halt. „derf mer dann des?

Noch geht´s jo altersmäßich mit´m laafe, awwer mer wääß jo nie wie mer en Rollator brauche deet. Unn was mach ich wann der Rollator mol repariert werre muss? Fer en Euro gibt´s doch beim Alfredl unn beim Linuxl so schääne Eikaafswäche zu lehne, hab ich feschtg´stellt!

Do kännt mer sich doch fer ä paar Daach so enner ausleihe, wu mer sich do dra so gut abstitze kann, wie bei meim Rolli.
Ja − Derf mer des dann etwa ach net?

Bruder Jakob

Bei uns ist in der Regel auf dem Klingelschild der Name der Bewohner des Hauses bzw. der Wohnung zu lesen.

Im Elsass habe ich da vor vielen Jahren eine andere Erfahrung gemacht:

Es war etwa in den 90er Jahren und ich sollte als selbstständiger Kachelofenbauer in Frankreich einen Kostenvoranschlag für eine Erweiterung des Ofens erstellen. Um den Zustand der Anlage in Augenschein zu nehmen, ist es erforderlich den „Tatort" zu besichtigen.

„Des Haus is gut zu finne" hat mir der Hausbesitzer gesagt. „In Lobsann, gecheniwwer vun dere klääne Kerch, geht en Wech zu unserm Haus".

Ich fahre an einem sonnigen Samstag ins benachbarte Elsass. Da ich etwas Orientierungsprobleme habe, gehe ich zu einem nahegelegenen Haus. Rechts neben der Eingangstür ist die Klingel mit der Aufschrift „Sonnette" zu lesen.

In der Annahme mit „Monsieur Sonnette" zu sprechen, frage ich den netten Herrn, der die Tür öffnet wo sich das von mir gesuchte Anwesen befinden würde. Da „Monsieur Sonnette" der deutschen Sprache nicht mächtig ist oder vielleicht nicht sein möchte und ich die französische Sprache nur sehr kläglich beherrsche, verabschiede ich mich von ihm mit den Worten: „pardon

Monsieur – aurevoir" und mache mich wieder auf den Weg um meinen Kunden zu finden.

Nicht weit weg entfernt von dem erwähnten Haus sehe ich einen älteren Mann auf der Straße. „Der versteht mich b´schdimmt", denke ich mir, „der hot sicher noch Deitsch in de Schul domols gelernt". Und es klappt wirklich. Der nette Opa zeigt mir den Weg und ich finde auch das gesuchte Anwesen.

„Do steht jo ach „Sonnette" uff dem Klingelschild, die können doch net all minanner de gleiche Name hawwe", geht mir durch den Kopf.
Ich drücke auf den Klingelknopf und es kommt wieder erwarten kein „Monsieur Sonnette" sondern ein Monsieur Schäfer, mein zukünfiger Kunde zum Vorschein, der mich sehr freundlich begrüßt und ins Haus bittet. Dabei Klären wir zuerst bei einer großen Schüssel Kaffee, wie es im Elsaß so üblich ist, das Missverständnis auf. Nun weiß ich auch, dass die Menschen hier nicht alle „Sonnette" heißen, sondern dass das Wort „Sonnette" im Französischen „Klingel" bedeutet.

Als ich etwa fünf Jahre alt war, lernte ich das Lied: „Frère Jaques". Im Deutschen heißt der Text: „Bruder Jakob, schläftst du noch, es läuten schon die Glocken".

Jedoch dass „sonnet les matine" es läuten schon die Glocken bedeutet, ist mir bei meiner Suche im Elsass nicht mehr eingefallen.

Manchmal besuche ich von Zeit zu Zeit den Herrn Schäfer. Sein Name steht aber trotzdem nicht auf seinem Klingelschild.

Hauptsache ist, dass ich ihn finde ohne mich nach dem Weg erkundigen zu müssen, denn mein Französisch hat sich trotz einiger Sprachkurse leider nicht wesentlich gebessert!

Drei Mol

Drei mol – drei Mol is se mer im Lewe bös gewest.
Drei Mol – mei Schwichermudder mit mir! Awwer
sie hot mer´s nie direkt ins Gsicht nei gsaacht.

Des Gerücht vun ennere böse Schwichermudder
is beschdimmt als mol en Änzelfall.
Mei Schwichermudder war immer gut zu mir, vum
erschte Daach a, als ich ´re gecheniwwergstanne
bin. Ich wääß noch: an dem Daach hot se ä großes
Blech voll Pizza gebacke mit emme Haufe voll Toma-
testicklcher druff.
Tomate, die ich norre in klääne Menge vertraach unn
am allerliebschte in Tomatesooß. Awwer des hot se
jo schließlich net wisse känne.
Johre später noochdem ich schun verheirat war, is
halt leider folchendes bassiert:
Aus was fer emme Grund ach immer hot se mer ihr
Auto ausgeliehe. Es war en VW-Golf mit emme klää-
ne Schiewedach iwwer de erschde Sitzreih. Es war
domols en hääßer Daach unn es hot mer gut gedue,
wann ich den zarte Luftschtrom iwwer meine Hoor
gschbiert hab. Domols, do hab ich ach noch genuuch
Horr uffzuweise ghatt!
Dahääm a´kumme, hab ich mich nooch em Middach-
esse ä bissl hiegelecht unn bin sofort fescht ei´ge-
schloofe. Leider hab ich dodebei net mitkriegt, dass
de Petrus do owwe en Kiwwl Wasser ausgeleert hot.

Die Brieh is durch des offene Schiewedach uff
de vordere Autositz gelandt.
Des war ´s erschde Mol! Johre schbeeter, hab ich
dere gute Fraa ihr Auto widder nemme gederft.
Dann bin ich in Neustadt in de Karolinestrooß in
de Dreißicherzone bissl iwwer die Toleranz naus
schneller gewest. Noochdem ich geblitzt worre
bin hot mei Schwichermudder ´s Protokoll kriegt,
was se halt notgedrunge, awwer arich u´gern
gezahlt hot.

´s dritte Mol, war des Ärschernis allerdings ä bissl
hefticher:
Mein liewenswerter Kolleech Norbert hot mer ä
Mol en Witz verzehlt, den ich liewer net weiter
bei meinere Schwichermudder ausprowiert hätt.

´s Wetter war net so bsonders ei´ladend zum
Spaziereghe unn´s hot ä bissl gepieselt. An de
Deer hot´s geklingelt – unn wer steht do drauß? –
mei herzallerliebschdie Schwichermudder, die
geklingelt hot, weil se die Schlissl vergesse ghatt
hot!
„Schwichermudder, was stehscht dann draus im
Rechewetter – geh doch hääm" hab ich se be-
grüßt, hab se awwer rei gebete.

Die Sort Spass hot se jedoch iwwerhaupt net ver-
traache unn ä Gsicht uffg´setzt, wie wann´s blooß
monatelang gerechnt hätt.

Beschweert hot se sich awwer immer nur bei meinere
Fraa, die wu jo gar nix dezu gekännt hot.

Den Scherz hab ich mer allerdings nie widder erlaubt,
awwer do dra, unn an de Norbert, der leider schun lang
verschdorwe is, du ich mich immer widder erinnere,
wann´s rechent unn grad klingelt!

Elefantös

Mer muss jo werklich uffbasse, was mer saacht. Ää falsches Wort kann johrelang Folche hawwe, die mer uff A´hieb gar net abschätze kann.

Ich wääß nimmie, in wellem Zoo des domols gewesst is, wu ich vun meine Dochter g´froocht worre bin, was mir fer Tiere am beschte g´falle hänn. Iwwerleche hab ich do gar net lang gemisst – Elefante nadierlich, is mer glei rausgerutscht! Vun dort a´ hot sich en Elefantismus wohlwollend ausgedehnt. Zu alle meechliche A´läss, wie Geburtsdaache, Weihnachte unn Mitbringsel hot´s ebbes gewwe, wu mit Elefante zu due ghatt hot. Bilderkalenner, ä Poschter, wu Enmeterachtefuchzich lang is, wu sich ä ganzie Elefantefamilie mit ihrm Rissl am „Vordermann" seim Schwänzl feschtghalte hot, Poschtkaade und alles Meechliche was do so mit Elefante zu due hot, hot mer mir g´schenkt. Außerdem hab ich ä Elefantebuch „Wo die Elefanten sterben" kricht. Des hot mich bis uff die letscht Seit g´fesselt!
Des greeschte Iwent awwer hot mir mei Dochter gebote, was ich ´r niemols vergesse du unn an des ich mich mei Lewe lang erinnere werr. Zwää Freikaate fer de Zirkus hot se gschenkt kriegt unn mich hot se eigelade zu emme Zirkusbsuch!

Des hab ich mir jo ach kä zwää mol saache losse.
Erscht hot mich mei Lieblingsdochter zu emme
Applsaftschor-le unn emme Päckle Popcorn eige-
lade.
– Schää war´s –. Ach Elefante hänn die Maneesch
mit ihre Kunschtschdicklscher bereichert.
So korz vorm End vun dere Vorstellung is allerdings
der Höhepunkt vun dem Zirkusbsuch kumme! Es is
a´gekündicht worre, dass mer sich uff dem Elefant
fotografiere losse kann unn des deet so zeh Euro
koschde.
„Auf Babba, do gehe mer hie, des mache mer jet-
zert" hot mei Dochter mich uffg´fordert.
In de Maneesch newer dem Bauch vun dere riesi-
sche Elefantekuh „Cala" war ä Treppepodescht
gschtanne. Do hot mer nuffsteige gekännt unn en
hilfsbereiter Mitarweiter vum Zirkus hot em noch
ä bissl noochg´holfe, dass mer sich iwwerhaupt hot
uff dem Elefant sein Hals setze känne.

Ganz stolz war ich dann uff dem geliebte Koloss
gsesse, hab´n bissl gsträächelt unn die paar Minu-
te genosse, wie en Schneekäänich. Dodebei is mer
ach eigfalle wie mer mol ä nettie Fraa folchenden
Spruch gsaacht hot, den ich domols als Stadtschrei-
wer in Schääschrift zu Papier gebrocht hab: „Ich
wünscht, ich wär ein Elefant, da würd ich jubeln
laut, nicht wegen meines Elfenbeins, nur wegen mei-

ner Haut". Obwohl jo die Elefantehaut ä bissl schrubbisch is, is die doch arich sensiebl, wie mer saacht. Ä paar Minute noch dem Fototermin hab ich dann widder absteige misse.

Nooch enre gewisse Zeit, hab ich dann meine liewe Mitmensche gsaacht, dass ich jo jetzert genuuch Elefante dehääm hätt unn gar nimmie wääß, wu ich die viele Fotos unn Elefanteutensilie uffhänge unn hiestelle soll.
So hot dann der Elefantismus ä gutes End genumme. Seitdem gebt's schääne Gschenke, wie Eitrittskarte fers Theater unn so weiter, wu net so viel Platz wegnemmen unn in guter Erinnerung bleiwen.

Wann ich mer jetzert recht iwwerleech, was bassiert wär wann ich domols statt Elefant u´íwwer - leecht „Tiecher" gsaacht hätt – in en Tiecherkeffich hätt ich mich net eisperre losse, um des schääne Tier zu streichle.

Wie gsaacht: Mer muss jo werklich uffbasse, was mer alsmol saacht!

So ä Frechheit

Es is jo net so, dass mir net minanner redde deeten. Nää – im Gechedääl! Manchmol lobt der mich sogar unn's gibt ach ä Sternl, wann ich alles gut gemacht hab.

Nooch meim Hinnerwandinfarkt unn nooch dere Installazion vun denne drei Stents hot mer de Dokter viel Beweechung verordent. „Laafe unn Radfahre" hab ich mer verschriwwe. Des dut ach inzwische meim Blutdruck gut unn ich fühl mich puddlwohl dodebei.

Zu meim 68. Geburtsdaach hänn mir dann mei Kinner ä Gerätl gschenkt, des mer wie ä Armbanduhr am Handgelenk traache dut. Des messt de Puls unn macht noch so annere Uffzeichnunge. Wie des Ding werklich hääßt, wääß de Deiwl. In de Bedienungsa'leitung steht allerdings „Fitbit-Gerät".

Weil mir uns jo daachsiwwer ziemlich nooh sinn, sinn mer inzwische ach perdu unn ich saach immer Jonas zu meim A'hängsl. In dere Gebrauchsa'leitung steht, dass es em nix beim Händewesche schade deet, denn do werd der „jo nass".

Awwer heit, do hot der mich mol so uffgereecht, dass mein Blutdruck sprungartisch nooch owwe gschnerrt is.

Glei nooch em Frühstück – so um halwer Neune –
bin ich in de Werkstatt rumgerennt, hab´s   Werk-
zeich ge richt, ´s Material beigschlääft unn bin
laufend hie- unn hergedabbt.

Uff ämol, so um halwer Zehne rum vibriert der
Jonas am Handgelenk unn gibt mer in Laafschrift
zu verstehe. „es ist Zeit für ein paar Schritte!“

„Du Knallkopp“ hab ich zu dem Scheißding
gsaacht, „du Knallkopp – ich renn mer do ball de
Herzbännl ab unn du muscht mer saache, dass ich
mich beweeche soll. Uff ääns kannscht awwer
ääner loss, mein Freund: wann d´des noch ämol
machscht, dann saach ich nimmie Jonas zu der,
dann saach ich norre noch des Wort, wu mit
emme große „K“ a´fangt unn mit emme klääne
„p“ uffheere dut.

Do kannscht awwer Gift druf nemme, du K........!“

Es is werklich u´glaublich! Seit dem A´schiss, do
hot der mich kä änziches Mol do dra erinnert.
Mer muss halt a´stännich mimanner redde –
gell?

Wortspielereie

A´stentig

Ä Elend isch´s, ich kennt grad flenne,
kann blooß noch laafe, nimmie renne,
denn seit meim Hinnerwandinfarkt
isch´s Herz jetzt nimmie so intakt!

Uff em OP-Tisch hot mer jetzt
drei **Stent**s in d´Blutbahn ei´gesetzt,
weil es dort nimmie so verengt,
sch´s Herz ach net so a´gestrengt.

Wann ich ach nimmie renne kann,
geh ich spazierte dann unn wann.
Bleib net ganz steif, bin bissl wendig
unn außerdem bin ich a´**stent**ig!

Reitschulgaul

Schää, wammer sieht de Kopp vum Pferd!
Sieht mer de Schwanz, sitzt mer verkehrt!

Preis elbeere

Ach Verlierer sollt´mer ehre
zumindescht mit paar „Preis elbeere"!
Denn wammer rischdich des bedenkt,
hänn die sich ach noch a´gestrengt!

Vorahnung

„Heinz, du werscht ämol
en großer Dichter werre"
hot se zu mer gsaacht.

„Des glaab ich awwer net",
hab ich geantwort,
„ich wachs´bschtimmt nimmie"!

Elfche

Elfche
wää schääne
Känzer enner vorne
enner hinne känner zwische
drin!

Können
aut Adam
Riese im Leben
elf Elfchen vielleicht Einhunderteinundzwanzigchen
geben?

nix
er nix
unn widder nix
am beschde fer iwwerhaupt
nix!

Sellemols,
de Deiwl
hol's is rum
vorzum furchtbar b´soffe dumm
geloffe

Lieb,
liewer, am
allerliebschde. Is Liebe
dann eichentlich ach noch
steicherungsfähich?

Ein
Verfalldatum uff
Klopapierrollen steht nicht
drauf – es löst sich
auf!

Müssen
Blumen wenn
sie sprießen nach
dem Gießen wirklich niemals
nießen?

Mörder
Gauner unn
Ganove sinn zu
stroofe uff alle Fälle:
G´fängniszelle

in
lfmeter auf
em Rasen stört,
venn dort die Hühner
rasen!

Vas
s kaputt
ange bei eich
wää? Kääner wääß`s werklich
Varum?

timmt
es? Is
nancher Arzneikoffer im
Alter greeßer, wie en
Reisekoffer?

Sei
heißem Kopf
und kalten Füßen
droht ein Fieber oder
nießen!

Lieber
sechs Zylinder
unter der Haube
als einen auf der
Beerdigung

ennie
devor zehne
nooch em Esse
unn hoffentlich kä Pill
vergesse

Wer
nicht weiß
was ein Elfchen
ist der zähle die
Wörter

Beim Weistrooße Erlebnisdaach 2018 bei dem ä Gedicht ei´gereicht werre gekännt hot in dem die Worte „König, Riesling, Liebe zur Pfalz und König Riesling".hab ich mit dem noochfolchende Gedichtde zwätte Platz belegt.

Käänich Riesling

Ich deet gern Käänich Riesling soi
in unsrer schääne Palz!
Kenn Unnertan breicht Dorscht zu leide,
hett ach ken druckner Hals!

Unn newer mir, im Rewethron,
die Woiprinzessin sitzt,
die schenkt mer nooch im Schoppeglas
unn lächelt ganz verschmitzt.

Paar händvoll Keschde noch dezu
zum neije Riesling-Woi,
ich glaab, es kann im Paradies
ach net viel schääner soi!

Die Lieb zum Woi unn unsrer Palz,
die werd domit belohnt
mit viel Genuss unn Frehlichkeit
vum Käänich, der dort thront.

Übersetzungen

´sletscht	zuletzt
Aachewischerei	Augenwischerei
adschee	adieu
äfach	einfach
Aff	betrunkener Zustand
alle Gebot	jeden Moment
Alwe-Urlaub	Alpenurlaub
annere	andere
annerie	andere
Ärcher	Ärger
arsch	arg
Arweiter	Arbeiter
Babbe	Papa/Vater
bass blooß uff	pass nur auf
basse	passen
bassiert	passiert/geschieht
bassiert	geschehen/geschieht
Bazill	Bazille
bees	böse
begrieße	begrüßen
Beißzang	Kneifzange
beriehmt	berühmt
beruhischend	beruhigend
beschirwwe	beschrieben
besunnrie	besondere
bieche	biegen
binn	binde/anbinden
bischt	bist
guuder	guter
Hosenscheißer	Hosenscheißer
Biwl	Bibel
Bix	Büchse/Sparbüchse
Bliesl	Bluse (verniedlicht)
bloo	blau

Blooß/blooß	Blase/nur
Bosse	Dummheiten/Streiche/Bosheiten
Briefbot	Postbote
bschdimmt	bestimmt
Buppe	Puppen
Burgplatoo	Burgplateau
butze	putzen
Daach	Tag
dabber	hurtig/schnell
daucht	taugt
de änd	der eine
Deer	Tür
Deerschlenk	Türklinke
deet	täte/würde
degeche	dagegen
dehääm	zuhause
deier	teuer
Deiwlskaschde	Teufelskasten (PC/Smartphon usw.)
Dellerrand	Tellerrand
Derfl	Dörfchen
Diere	Tiere
dodebei	dabei
dohie	da hin
dohinn	hier drinnen
Drache	Drachen
driwwe	drüben
Dschiensstoffhosse	Jeans
dun	tun
duuscht	tust
Duwack	Tabak
ebbes	etwas
Edelschdää	Edelstein(e)
enner	einer
es Bescht	das Beste
ewcso	ebenso
Farwe	Farben
Ferz	Fürze/Pupser/Magenwind

174

Feschtplatt	Festplatte
Fieß	Füße
Figierle	Verniedlichung von Figur
finne	finden
Flichel	Flügel
Fluchzeich	Flugzeug
Fröschl	kleiner Frosch
Frooch	Frage
froochlich	fraglich
fuchsdeiwlswild	fuchsteufelswild
g´schlappt	gegangen
Gaadeärwet	Gartenarbeit
Gaadedeerle	Gartentür
Geäscht	Geäst
Geberch	Gebirge/Berg
gebliwwe	geblieben
geblotzt	geraucht
Gehais	Gehäuse, Haus
geheert	gehört
Geischt	Geist
geleit	geläutet
geloche	gelogen
geschmiert kriegen	gehauen werden
gewesst	gewesen
gheert	gehört
Gips	Tabakspfeife
glaab	glaube
glaabscht	glaubst
glääbt	glaubt
glaawe	glauben
Goldfisch-Schdeier	Goldfisch-Steuer
Goldschdick	Goldstück
Gorschl	Gurgel
grie	grün
gsaacht	gesagt
gschdritte	gestritten

gschriwwe	geschrieben
gut druff	gut beisammen sein/fröhlich sein
guuder	guter
Häämweh	Heimweh
Haisl	Häuschen/kleines Haus
häkle	häkeln
hawwe	haben/leiden
Heerer	Hörer/Telefonhörer
heilt	weint
Hexenacht	Walpurgisnacht
hinne	hinten
hinnenooch	danach
hinner	hinter
Hochzich	Hochzeit
hocke	sitzen bleiben/nicht versetzt werden
holscht	holst (du)
hordich	hurtig
Hosesack	Hosentasche
Hosseboode	Hosenboden
Hosseschisser	Hosenscheißer
Innelewe	Innenleben
Iwent	Event
iwwersetze	übersetzen
iwwertriwwe	übertrieben
Johr	Jahr/Jahre
Kaffeestickl	Feingebäck
katt	gehabt
Kerchechor	Kirchenchor
Kersch	Kirche
Kich	Küche
Kicheschrank	Küchenschrank
Kinnerklääder	Kinderkleider
Kittelschorz	Kittelschurz
klää	klein
Klääder	Kleider

Kläägemüs´	Kleingemüse (Kinder)
Klapp (halten)	Mund halten/ruhig sein
klappt	funktioniert
Kloo	Klosett/WC
korzi Zeit	kurze Zeit
Koschtbarkeite	Kostbarkeiten
Kraiterbitterschnaps	Kräuterbitterschnaps
kreischt	schreit
Kreiz	Kreuz
Kreizl	Kreuzchen
krieche	kriegen/bekommen
kuchlrund	kugelrund
kumme	kommen
Kunschtschdick	Kunststück
Laab	Laub
Lääder	Leiter
laafe	laufen
leche	legen
Lischt	List
loss	lasse
Maache	Magen
Maachebitter	Magenbitter
määnt	meint
Määschder	Meister
meglichscht	möglichst
mer ´n	wir ihn
Micke	Mücken/Fliegen
Middaach	Mittag
Mischt	Mist
Mischtkaut	Misthaufen
mol/Mol	mal/Mal
morsche	morgen
Münche Paul	Paul Münch (Mundartdichter †)
Nadurschauschbliehl	Naturschauspiel
Nareviech	Narrenvieh
närrsch	vernarrt

Neies	Neues
net	nicht
net's	nicht das
nimmie	nicht mehr
nit	nicht
niwwer	hinüber
nuff	hinauf
Oschderhaas	Osterhase
owens	abends
Päckelscher	Päckchen
Paisl	kleine Pause/Verschnaufpause
Pedder	Patenonkel
Penning	Pfennig/Pfennige
Plaschter	Pflaster
Plastikdutt	Plastiktüte
planscht	planst du
Poscht	Post
prima druff	gut gelaunt
raaweschwarzie	Rabenschwarze
Raicherkammer	Räucherkammer
reecht	regt
Rheiseit	Rheinseite
Rhoibrick	Reinbrücke
Riesedunner	Riesendonner
Rondewu	Rendezvous
rumzuschbaade	umzuspaten
Sackduch	Taschentuch
sagscht	sagst
sähne	sehen
schää/schääne	schön/schöne
schämme	schämen
Schbazieregeh	beim Spazierengehen
schbeeter	später
Schbichl	Spiegel
schbielt'	spielte
Schbrooch	Sprache
Schdeier	Steuer

schdeigscht	stehst/aufstehen
Schdersch	Störche
Schdickl	kleines Stück
Schdielsche	kleiner Stuhl
Schdorsch	Storch
Schdrooß	Straße
schdruwwelich	zersauste Haare
schenier	genieren
schillt	schimpft
Schlaach	Schlag
schloofe	schlafen
schmeißt	wirft
schnawweliert	erzählt
Schneekäänich	Schneekönig
Schockelgaul	Schaukelpferd
schteht	steht
schunn	schon
Schwichermutter	Schwiegermutter
Skandinavie	Skandinavien
sofer	solchen
Stäästuf	Steinstufe
stännich	ständig
steicht	steigt
steire	steuern
Stiffl	Stiefel
Stunn/Schdunn	Stunde
sunnich Gemiet	sonniges Gemüt
sunscht	sonst
sunscht	sonst
Tiecher	Tiger
träämt	träumte
triffscht	triffst
uff	auf
uff ämol	auf einmal
uffgebasst	aufgepasst
uffzuschreiwe	aufzuschreiben
unne	unten

uscheniert	ungeniert
Vadder	Vater/Papa
verdricke	abhauen
vergniecht	vergnügt
verkellt	erkältet
verschnawweliert	gegessen
vertraache	vertragen
Vordääl	Vorteil
vun	von
wääche	weichen
wääß	weiß/wissen
wammer	wenn man
wannre	wandern
Weech	Weg
Weihnachtsfeire	Weihnachtsfeiern
wenigschdens	wenigstens
Welscherholz	Nudelholz
Wesch	Wäsche
widder	wieder
wiegscht	wiegst
Wiss	Wiese
wohr	wahr
Wohret	Wahrheit
Wooch	Waage
wu anne	wo anders
wunnerschää	wunderschön
zamme	zusammen
Zeich	Zeug
zeichen	zeigen
Zicke	zickig sein
zieh Leine	verschwinde/hau ab
wunnerschää	– wunderschön
zamme	– zusammen
Zepp	– Zöpfe
zicke	– zickig sein
zieh Leine	– verschwinde/hau ab

Inhaltsverzeichnis